FACULTÉ DE DROIT DE PARIS

LES
SECONDS MARIAGES

EN DROIT ROMAIN

ET

EN DROIT FRANÇAIS

PAR

LOUIS VALLAS

LICENCIÉ ÈS LETTRES

AVOCAT A LA COUR D'APPEL DE PARIS

PARIS

TYPOGRAPHIE N. BLANPAIN

7, RUE JEANNE, 7

1878

LES
SECONDS MARIAGES

EN DROIT ROMAIN
ET
EN DROIT FRANÇAIS

THÈSE POUR LE DOCTORAT

PAR

Louis VALLAS

AVOCAT À LA COUR D'APPEL DE PARIS
LICENCIÉ ÈS LETTRES

Né à Lyon, le 5 avril 1851.

*L'acte public sur les matières ci-après sera soutenu
le jeudi 9 mai 1878, à 1 heure 1/2.*

Président : M. LABBÉ

Suffragants :
MM. DE VALROGER,
COLMET DE SANTERRE, Professeurs.
DEMANTE,
ACCARIAS,
LEFEBVRE, Agrégés.

PARIS
TYPOGRAPHIE N. BLANPAIN
7, RUE JEANNE, 7

1878

A MA MÈRE

DROIT ROMAIN

LES SECONDS MARIAGES

Les seconds mariages se définissent comme les premiers: comme eux aussi, ils se forment et se dissolvent. A ce triple point de vue, aucune distinction n'est possible entre les uns et les autres. C'est dans ceux-ci comme dans ceux-là, le même lien qui unit les deux époux ; ce sont de part et d'autre les mêmes droits et les mêmes devoirs. Mais, hors de là, l'identité cesse, l'analogie seule subsiste. Aussi l'étude que nous entreprenons présente-t-elle nombre de questions spéciales à examiner. Nous allons les passer toutes en revue, en étudiant successivement les conditions de validité et les effets des seconds mariages.

PREMIÈRE PARTIE

CONDITIONS ET EMPÊCHEMENTS

Les conditions auxquelles est subordonnée la validité des secondes noces sont multiples. La clarté semble demander que nous distinguions dans l'exposé que nous allons en faire, celles de ces conditions qui ont trait à la capacité absolue et celles qui se rapportent à la capacité relative. Par capacité absolue, nous entendons celle dont il faut nécessairement jouir pour contracter un second mariage, et par capacité relative, celle qu'une personne doit avoir pour épouser en secondes noces telle autre personne déterminée. En d'autres termes, nous nous posons, à l'occasion de tout mariage, quel qu'il soit, les deux questions suivantes : Chacun des futurs, considéré individuellement et isolément, est-il apte à contracter un second mariage ? et : Les deux parties ont-elles la faculté de s'unir ensemble ? La réponse à la première question concerne la capacité absolue ; la réponse à la seconde concerne la capacité relative.

CHAPITRE I

CAPACITÉ ABSOLUE

Les conditions, que toute personne doit remplir, pour jouir de l'aptitude légale aux seconds mariages, peuvent être distinguées suivant qu'elles s'appliquent à l'universalité de ces mariages ou qu'elles ne sont exigées que pour certaines personnes et dans des cas déterminés. Nous appellerons les premières conditions générales et les autres conditions particulières.

SECTION I

CONDITIONS GÉNÉRALES. — SANCTION.

Les conditions générales sont au nombre de trois; car, pour contracter un second mariage, il faut être nécessairement :

Citoyen romain :

Pubère ;

Dégagé régulièrement de ses premiers liens.

La dernière de ces conditions est la seule qui soit spéciale aux seconds mariages, c'est aussi la seule qui doive attirer notre attention.

La polygamie ne fut jamais admise à Rome. Elle était incompatible avec l'idée qu'on s'y faisait du mariage. « L'histoire et l'expérience se réunissent en effet pour démontrer que partout où l'homme a plusieurs femmes, elles ne sont ni ses compagnes ni ses égales, mais ses sujettes. » (Accarias, *Précis de droit romain*, n° 79.) « La religion domestique apprit aux vieux Romains que l'union conjugale est autre chose qu'un rapport de sexe et une union passagère, elle qui unissait les deux époux par le lien puissant du même culte et des mêmes croyances. La cérémonie des noces était si solennelle et produisait de si graves effets qu'on ne doit pas être étonné que ces hommes ne l'aient crue permise et possible que pour une seule femme dans chaque maison. » (Fustel de Coulanges, *Cité antique*, II. 2.) Si la matrone romaine fut toujours environnée d'estime et de respect (1), c'est que, toujours aussi, elle resta seule au foyer domestique (2). Sans doute, sa place n'y fut jamais immuable, et un temps vint même où le divorce que l'austérité des mœurs avait longtemps empêché et qui peut-être avait été condamné par la religion primitive, se montra sous l'influence de la corruption publique de plus en plus fréquent; mais du moins ces épouses qui se succédaient auprès d'un homme ne s'y rencontraient pas ensemble, et c'est ainsi que furent épargnées aux maisons romaines les rivalités, les disputes et les intrigues qui remplissent sans cesse et ensanglantent souvent les harems de l'Orient.

Il serait téméraire pourtant d'affirmer que l'idée de la polygamie ne vint jamais à l'esprit des Romains. Suétone rapporte qu'elle était du goût de

(1) Erat enim summa reverentia cum concordiâ et diligentiâ mixta, flagrabatque mulier pulcherrima diligentiâ æmulatione, studens negotia viri curâ suâ majora atque meliora reddere. Nihil conspiciebatur in domo dividuum, nihil quod maritus aut fæmina proprium esse sui juris diceret, sed in commune conspirabatur ab utroque. (Columelle, *de Re rusticâ*, lib. 12. præfat., §§ 7 et 8.)

(2) La concubine elle-même n'avait pas à redouter de rivales; le principe de la monogamie dominait le concubinat comme le mariage.

César qui avait même fait préparer un projet
de loi pour l'établir. Chose monstrueuse, il ne
s'agissait pas là d'une loi véritable, mais d'une décision particulière à César lui-même et dont ce
grand débauché voulait se servir pour assouvir légalement sa soif de libertinage (1).

Antoine, au dire de Plutarque, fut le premier
qui eut deux femmes : mais cette assertion nous
paraît inexplicable.

Enfin, chose plus importante, Socrate (IV, 32)
attribue à Valentinien une loi qui autorisait la
polygamie. De la part d'un empereur chrétien,
cette conduite ne se comprend guère. Du reste,
un historien très-autorisé de cette époque, M. de
Broglie, dans son ouvrage sur l'*Eglise et l'Empire
romain au quatrième siècle*, tient ce récit pour absurde (3ᵉ partie, I).

La polygamie étant proscrite à Rome, il fallait,
pour contracter valablement un second mariage,
avoir rompu ses liens antérieurs.

Il nous reste à connaître maintenant la sanction
de cette obligation.

De nombreuses lois nous restent, qui interdisent
la bigamie (Inst. § 6, I, 10. — L. 7, C. I, 9. — L. 5,
C. V, 3. — L. 18, C. IX, 9, etc.). Mais, dès à présent, il faut remarquer que, pendant de longs siècles, ces prohibitions furent inutiles. Sans parler

---

(1) ...legem quam Cæsar ferre jussisset, quum ipse abesset, uti
uxores liberorum quærendorum causâ, quas et quot vellet, ducere li
ceret. (Cæsar, chap. 52.)

de la moralité austère des vieux Romains, la
législation du divorce ne laissait pas au crime
dont nous nous occupons, l'occasion de se produire. On admettait que la répudiation s'exerçât
sans formes déterminées, et même tacitement.
Ainsi en était-il certainement, dans le cas d'une
personne adoptant son gendre ou sa bru, sans
émancipation préalable de son enfant; ainsi encore dans le cas d'un homme qui, marié à une affranchie, est nommé sénateur (1). On était fondé
ainsi à regarder un second mariage comme une répudiation tacite du premier époux, et telle était,
en effet, au témoignage de Cicéron, l'opinion d'un
grand nombre (*De oratore*, I, 40). Avec la loi Julia,
les choses changèrent. Elle entoura le divorce de
formalités précises (L. 9, D., XXIV, 2), afin de fixer
avec exactitude une data qui formait le point de
départ de délais nombreux et importants (2). Dès
lors, la bigamie put être atteinte et elle le fut par
le préteur, qui déclara infâmes, dans son édit,
ceux qui se rendraient coupables de ce crime (L. 1,
D., III, 2). Ce texte ne parle que des hommes et
il ne faut pas en conclure que les femmes échappas-

(1) Dans la première hypothèse, le mariage devenait impossible
pour inceste; dans la seconde, par suite d'une incapacité sociale sanctionnée par la loi. Il y avait ainsi lieu au divorce qui se produisait
ipso facto. (L. 28, C. V, 1.)

(2) Délai pendant lequel la femme est soumise aux poursuites pour
adultère. (L. 4, § 1. L. 15, § 2. D. XLVIII, 5); pendant lequel elle ne
peut affranchir ses esclaves. (L. 42, D. XLV. 9); pendant lequel elle
peut rester veuve sans encourir les peines du célibat. (Ulp., XIV.)

sent à la condamnation. Mais, pour élucider cette question, il est nécessaire d'étudier auparavant, avec quelques détails, cette peine de l'infamie et d'en examiner les effets.

L'infamie, non pas l'infamie morale, *infamia facti*, qui s'attache aux actes scandaleux, mais l'infamie légale, *infamia juris*, avait pour conséquence, à Rome, de priver un citoyen de ses droits politiques et de quelques-uns de ses droits civils. C'était une institution analogue à notre dégradation civique ; en d'autres termes, c'était une espèce de *capitis deminutio media*, quoique le droit de cité restât à l'infâme, une peine tout à fait semblable, bien qu'elle fût régie par des règles différentes, à celle qu'infligeaient les censeurs (1). Quelle était exactement son influence sur l'état des citoyens? C'est ce que nous allons rechercher, en ne nous occupant d'abord que des hommes.

L'homme, frappé d'infamie, perd tout ce que les Romains appellent *honores et dignitates*, et devient inhabile à remplir une magistrature quelconque (L. 1. D., XLVIII, 7. — Cicéron, *Pro Cluentio*, 42). Exclu de toutes les tribus, ainsi que nous l'apprennent, à propos des histrions, Tite-Live (VII, 2) et Valère-Maxime (II, 4), il doit voir lui échapper

---

(1) La sentence censoriale, œuvre arbitraire des censeurs et qui réclamait leur unanimité, était susceptible d'annulation, soit par voie de révision de la part des censeurs successeurs, soit par voie de cassation, de la part des juges. L'infamie, elle, était irrévocable. Le Sénat et le peuple, d'abord, l'empereur ensuite, pouvaient seuls en relever le coupable à titre gracieux.

le droit de vote, comme celui d'éligibilité. La Table d'Héraclée, cependant, laisse aux infâmes le droit de vote. Mais il est probable, suivant l'opinion de Savigny, qu'il ne s'agit ici que du vote dans les municipes, et qu'à Rome, l'entrée des comices était interdite aux infâmes.

Enfin, il devient impropre au service militaire (1). Voilà pour les droits politiques.

Dans la sphère du droit privé, la situation de l'infâme est aussi atteinte, quoique à un plus faible degré.

Le préteur lui interdit de postuler en justice, si ce n'est pour lui-même et quelques autres personnes limitativement déterminées (L. 1, § 8, D., III, 1).

Cette prohibition entraîne à son désavantage l'impossibilité de devenir *cognitor* ou *procurator* et par suite cessionnaire d'aucune action jusqu'au temps où la cession put s'opérer au moyen des actions utiles, sans *procuratio* (L. 9, C. IV, 39).

L'exercice d'une action populaire où l'on agit comme *procurator* lui est refusé en vertu des mêmes motifs (L. 4, D. XLVII, 23).

De même qu'il ne peut pas jouer le rôle de *procurator*, de même aussi il est interdit à qui que ce soit de le jouer vis-à-vis de lui. Il lui était ainsi impossible d'aliéner ses créances, tant que ces aliénations ne purent se faire que par voie de cession.

(1) Le législateur français écarte aussi de l'armée l'individu condamné à une peine infamante (loi du 27 juillet 1872, art. 6).

Tout mariage avec une fille de sénateur lui est défendu depuis la loi Julia (Ulp., XIII, § 2).

Enfin les frères et sœurs consanguins d'un défunt ont la ressource de faire tomber partiellement son testament, si l'héritier institué est noté d'infamie (L. 27, C. III, 28) (1).

Peut-être pourrait-on citer encore, au nombre des déchéances qu'entraine l'infamie, l'incapacité d'être témoin. Mais les textes ne sont pas formels sur ce point. Tout est remis à la prudence du juge. N'est-ce pas ce qu'il y avait de plus sage à décider ?

Voilà ce que nous avions à dire des hommes. Mais les femmes qui, comme telles, sont exclues de la vie publique, à qui il est interdit de postuler pour autrui (L. 1, § 5, D. III, 1) et d'intenter une action populaire (L. 6, D. XLVII, 23) qu'avaient-elles, avant la loi Julia, à redouter de cette peine ? Sans doute, l'infamie aurait pu leur enlever le droit de participer aux honneurs de leurs maris et les rendre incapables d'acquérir et d'aliéner des créances (2). Ces effets auraient pu se produire, il est vrai, mais ils auraient constitué à eux seuls une peine trop infime pour être redoutable ; aussi ne voit-on pas que les femmes y aient été soumises.

(1) L'infâme n'est pas le seul contre qui puisse s'exercer la *querela*. Le juge a un pouvoir discrétionnaire. Mais il est probable que l'infamie rendait l'action nécessairement recevable.

(2) L'incapacité attachée à leur sexe cessait quand elles se présentaient en justice comme *procuratores in rem suam*. (Paul, I, 2, § 2.)

La loi Julia changea cet état de choses en prohibant le mariage de tout homme libre avec une
infâme (1). Telle fut désormais pour les femmes la
peine de l'infamie (2).

La nullité du mariage est à notre avis la sanction de cette règle. Quoi qu'il en soit, le mariage
fût-il valable en soi, est certainement non avenu
au regard de la loi Julia, et ne compte pas, non
plus que les enfants qui en sortent, ni pour mériter aux époux les priviléges accordés au mariage
et à la paternité, ni pour leur éviter les peines du
célibat.

Avec le temps tombèrent les lois caducaires au
moyen desquelles Auguste avait cru relever les
mœurs romaines et dont l'influence fut toujours
nulle, sinon pernicieuse. Constantin, s'inspirant
des idées chrétiennes sur le célibat, leur porta un
premier coup (L. 1, C. VIII, 58) et Justinien continua son œuvre en faisant tomber successivement
toutes les prohibitions que ces lois avaient édic-

(1) Nous avons vu au contraire qu'un homme infâme, incapable de
prétendre à la fille d'un sénateur, peut épouser une femme libre. C'est
que les convenances sociales tiennent ici lieu de lois et ne laissent pas
une femme s'abaisser par le mariage. La corruption épouvantable à
laquelle Rome fut longtemps en proie devait nous montrer cependant
de grandes dames poussées à des alliances disproportionnées et souvent même honteuses, par le seul désir d'y satisfaire leur impudicité.

(2) Le législateur n'avait pas prononcé, dans la loi Julia, le mot infamie, sans doute parce qu'il n'avait eu jusqu'ici, appliqué aux femmes,
aucune signification. Mais l'idée, à défaut de l'expression, se dégageait
sans difficultés de l'ensemble de la loi, et tout naturellement les com-
mentateurs arrivèrent à formuler la règle que nous venons d'énoncer.
(Ulp., XVI, § 2.)

tées. Nous nous retrouvons dès lors en face d'une législation semblable à celle qui précédait la réforme d'Auguste, et par conséquent, l'infamie redevint inapplicable aux femmes. Les textes la prononcent cependant. Faut-il voir là une habitude vicieuse dont on n'a pas su se défaire, ou bien est-ce l'expression du mépris que l'Etat inflige publiquement à une personne par l'organe du législateur? Il est difficile de se prononcer. Quoi qu'il en soit, cette infamie n'a plus pour les femmes qu'elle atteint, de conséquences juridiques et c'est tout ce qui nous intéresse ici.

Tel est le premier châtiment des bigames ; mais, comme leur crime est, en définitive, un *stuprum* aggravé, ils sont punis de ce chef encore par la confiscation de la moitié de leur fortune, s'ils font partie de la classe des *honesti*, et s'ils rentrent dans la catégorie des *humiles* par la relégation, et une peine corporelle ignorée de nous (L. 18, C., IX, 9. — Instit. § 4, IV, 18).

Justinien va plus loin et leur inflige la peine de mort (Theop. §§ 6 et 7, *De nuptiis*).

Comme dernière conséquence de la bigamie, nous devons signaler la nullité du second mariage, nullité tellement absolue que, pour employer le langage énergique des Instituts (l. 10, § 12), il n'y a là ni mariage, ni mari, ni femme, ni dot. Les enfants qui naissent d'un tel rapprochement, *coïtus*, ne sont pas soumis à la puissance paternelle, mais semblables aux enfants d'une prostituée, ils n'ont pas de père aux yeux de la loi et sont appelés *spurii*, c'est-à-dire conçus au hasard.

Terminons par une remarque générale. Les peines réservées à la bigamie ne sont encourues qu'au cas de mauvaise foi. Quand le crime est la conséquence d'une erreur excusable, c'est-à-dire d'une erreur de fait, et que les parties, une fois cette erreur reconnue, rompent sans retard leur alliance délictueuse, la loi les maintient à l'abri du châtiment (L. 18, C. IX, 9). Peut-être même les enfants, quoique ayant puisé l'existence dans une source impure, peuvent-ils, par faveur spéciale, être lavés de la souillure originelle et prendre place auprès de leurs parents comme légitimes. Le rescrit de Marc-Aurèle, sur lequel nous nous appuyons ici, n'est relatif qu'à des enfants incestueux. Mais pourquoi refuserait-on, dans des circonstances analogues, aux enfants d'un bigame, ce même privilége (L. 57, D. XXIII, 2)?

Telles sont les conditions générales exigées par la loi romaine pour la validité des secondes noces.

Nous allons étudier maintenant les conditions particulières.

SECTION II

CONDITIONS PARTICULIÈRES. — SANCTION

Il y a deux classes de personnes qui, pour jouir de l'aptitude légale aux secondes noces, doivent en outre des conditions générales, dont nous venons de nous occuper, remplir certaines conditions particulières que nous allons examiner.

Ces personnes sont les individus *alieni juris,* et les femmes.

1° Personnes *alieni juris.* — On appelle ainsi les personnes qui sont soumises à l'une des quatre puissances reconnues par la loi romaine : *dominica potestas, patria potestas, mancipium* et *manus.*

Les premières sont esclaves, et nous n'avons pas à en parler, puisque les justes noces leur sont inaccessibles. Il en faut dire autant des dernières, de celles qui sont soumises à la *manus.* Cette puissance ne pèse jamais que sur des femmes, et, en principe, elle réside toujours entre les mains du mari, qui la perd à la dissolution du mariage (1). Il ne peut donc pas être question de mariage pour une femme *in manu,* c'est-à-dire pour une femme mariée (Gaius, 1, §§ 108 à 116). Cependant, comme la *manus* fait d'une femme la fille de son mari, et par suite, la petite-fille de son beau-père, si celui-ci survit à son fils, la veuve a besoin de son consentement pour se remarier ; elle est traitée comme la fille de famille, dont nous allons nous occuper.

En ce qui touche les individus placés sous la puissance paternelle, c'est d'eux surtout que nous

(1) Quand la *manus* est conférée à un autre homme que le mari, c'est toujours pour une période de temps fort courte et afin de faciliter l'accomplissement d'un acte juridique impossible autrement.

voulons parler. Tous, ils ont besoin, pour se marier, quel que soit leur âge, du consentement de leur *paterfamilias*, c'est-à-dire de l'homme qui les a sous sa puissance, soit par le fait de la naissance, soit par celui de l'adoption.

Relativement au fils de famille, ce consentement même n'est suffisant que si le dépositaire de la puissance est son père; mais s'il a pour *paterfamilias* son aïeul ou son bisaïeul, il lui faut en outre le consentement de tous les ascendants intermédiaires auxquels il ne peut donner d'*héritiers siens*, malgré eux (L. 16, § 1, D. XXIII. 2. — Instit., I, 2, § 7). Pour la fille de famille, le consentement du *paterfamilias* suffit toujours, et nous rappelons que pour la veuve qui se remarie, ce *paterfamilias* peut être, non pas son ascendant, mais celui de l'homme qu'elle avait épousé *cum manu* et auquel elle avait ainsi, en rompant les siens propres, emprunté tous ses liens d'agnation (Gaius, I, § 111).

Le *paterfamilias* était dans les premiers temps maître absolu de son consentement. Depuis les lois caducaires, il ne peut plus le refuser d'une façon arbitraire. S'il est fou, le droit de Justinien permet aux enfants de se marier seuls; s'il est absent ou captif, ils jouissent de la même faculté, mais après un délai de trois ans.

Reste le *mancipium*. Nous n'avons pas grands détails sur les effets qu'il produit. Un point certain toutefois, c'est que l'individu *in mancipio*, bien qu'il soit *loco servi*, n'est pas cependant *servus*. Entre autres conséquences, il en résulte qu'un citoyen ne subit qu'une *capitis deminutio minima*, et que son mariage n'est pas rompu quand un autre acquiert sur lui cette puissance. (Gaius, I, § 138.) Je me crois permis d'en inférer que les justes noces ne lui sont pas interdites, mais je crois aussi qu'il a besoin pour les contracter que son maître y consente. L'analogie de sa situation avec celle d'un fils de famille justifie cette solution.

Des personnes *alieni juris*, on peut rapprocher les affranchis qui, sans être soumis à une véritable puissance, sont tenus pourtant envers leurs patrons à des obligations multiples. Nous avons déjà vu qu'une esclave, quand son maître l'a affranchie, dans l'intention de l'épouser, ne peut refuser cette alliance. Eh! bien, ce n'est pas tout, et défense lui est faite, après le mariage, de rompre par un divorce, malgré son époux, le lien conjugal.

Cette règle ne comporte qu'une exception qui se produit, quand l'affranchissement n'a pas été spontané de la part du patron, mais inspiré par fidéicommis. (LL. 10 et 11. D. XXIV, 2). On considère qu'alors la femme ne devant pas à son *manumissor* autant de reconnaissance, n'est pas tenue envers lui à une déférence égale, et peut divorcer suivant le droit commun.

Nous venons de dire que les affranchies mariées à leur patron, ne peuvent divorcer sans son autorisation. Ainsi comprise, cette règle n'aurait rien à faire avec le sujet qui nous occupe. Il faut donc expliquer que, malgré les termes de la loi, elle fut toujours entendue autrement, suivant une interprétation d'Ulpien, qui ne paraît pas avoir été jamais contestée et que nous reproduisons sans commentaire.

L'affranchie qui envoie à son patron et époux le *repudium* sans sa permission, fait bien tomber le mariage : mais elle devient incapable de s'unir désormais à un autre homme, soit en mariage, soit même en concubinat, à moins que le patron ne vienne à perdre son titre ou n'accorde son consentement soit exprès, soit tacite (L. 11, D., XXIV, 2).

De ce qui précède, il résulte que toute personne *sui juris* peut se marier valablement sans le consentement d'un tiers. Telle est, en effet, la règle qui resta longtemps sans exception, et qui ne fut modifiée qu'en 371, et pour les femmes seulement, par les empereurs Valentinien, Valens et Gratien. Désormais la veuve *sui juris*, et, à plus forte raison, la fille, qui, jusque-là, pouvaient se marier de leur propre autorité ne continuent à jouir de ce droit que si elles sont majeures de vingt-cinq ans. Au-dessous de cet âge, elles ont besoin du consentement paternel, et si le père manque, de celui de leur mère, et à défaut de mère, de celui de leurs plus proches parents, sans qu'elles aient à tenir compte cependant de ceux de ces derniers, que la loi appelle à leur succession et dont elles

soupçonnent l'opposition d'être systématique-
ment intéressée.

Dans le cas où la femme n'est pas d'accord avec
les personnes qu'elle doit consulter, l'autorité judiciaire intervient et, entre plusieurs prétendants
également recommandables, doit donner la préférence à celui dont la femme a fait choix.

Le défaut de consentement, dans tous les cas
où la loi l'exige, entraîne la nullité du mariage.

2° *Femmes*. Nous avons déjà parlé des femmes
dans les observations précédentes, en les envisa-
geant comme filles de famille ; ici, nous devons
les considérer exclusivement au point de vue du
sexe.

Il peut arriver qu'une femme, au moment de la
dissolution de son mariage, soit grosse. On con-
çoit dès lors combien l'ordre public est intéressé
à la constatation de cet état, et combien il importe
de prévenir les abus graves qui pourraient résulter d'un convol immédiat. C'est en s'inspirant de
ces considérations que la loi romaine avait édicté
pour la femme qui se remarie des règles spéciales
destinées à empêcher toute confusion de part et à
assurer ainsi l'état civil des citoyens.

En ce qui concerne les veuves, les prescriptions
en vigueur à Rome étaient aussi simples que sages. Toute femme était tenue, après la mort de
son mari, d'observer un délai de viduité, et le législateur, pour en assurer l'observation, usa de la
plus grande sévérité.

Il ne lui est point interdit, pendant ce délai, de former un contrat de fiançailles (L. 10, § 1, D. III, 2) ; mais le mariage lui est défendu sous peine d'infamie (L. 1, C. V, 9). Et ce n'est pas elle seulement que la loi poursuit de ses rigueurs. La même flétrissure atteint le second mari, et même, si les deux conjoints sont encore en puissance, leurs pères de famille respectifs, à supposer du moins qu'ils aient donné leur consentement en connaissance de cause (L. 11, D. III, 2) (1). Le second mari, poussé au mariage par son père, n'est cependant pas obligé, une fois la puissance paternelle dissoute, de renvoyer sa femme. En la gardant, il n'encourt pas l'infamie (L. 12, D. III, 2), et il faut en dire autant du père qui ratifie après coup le mariage auquel il s'était d'abord opposé et qu'on a contracté malgré lui (L. 13, *ibid.*).

Ce n'est pas tout. La femme est dans l'impossibilité de donner à son second mari, soit par constitution de dot, soit par testament, plus du tiers de ses biens (L. 1, C. V, 9), sans préjudice des droits des enfants que nous aurons à étudier plus tard (L. 6, C. V, 9).

Toute hérédité, legs, fidéicommis, donation à cause de mort lui sont enlevés et vont à ceux qui les recueilleraient à son défaut (2). Il en est de

(1) L'erreur de fait seule est excusée, non l'erreur de droit.

(2) Le fisc est écarté pour bien manifester la moralité du but que poursuit le législateur.

même de toutes les libéralités de dernière volonté que lui laisse son premier époux, ainsi que de la donation des fiançailles. L'édit du préteur organise à cette occasion un règlement successoral en vertu duquel dix personnes, ascendants, descendants, collatéraux du second degré, se présentent successivement et chacun à son rang pour les recueillir. A leur défaut, les agents du fisc doivent se substituer à la femme, pour qu'en toute hypothèse, elle soit écartée.

Enfin, les successions *ab intestat* elles-mêmes cessent de lui parvenir, dès que le défunt ne lui est plus parent qu'au cinquième degré (L. 1, C. V, 9).

Un système de peines aussi sévères organisé contre la femme qui viole le délai de viduité nous montre quelle importance attachaient les Romains à l'observation de cette règle. C'est qu'en effet, si la formation du second mariage suit de trop près la dissolution du premier, rien ne sera moins aisé à déterminer que la filiation de l'enfant qui va naître. Appartient-il au premier mari? A-t-il pour père le second? Questions insolubles qu'on ne peut éviter qu'en prescrivant à la femme une continence absolue. Aussi n'est-ce pas seulement le mariage, mais aussi tout commerce charnel qu'on lui interdit. Si donc on vient à prouver que l'enfant dont elle accouche n'est pas celui du défunt, et notamment si cette naissance se produit le onzième mois du décès, la coupable encourt les mêmes peines que si elle s'était remariée, afin, dit Justinien, qu'on ne voie pas la luxure échapper aux châtiments qui frappent la chasteté (Nov. 39, cap. 2). A l'inverse, le mariage devient licite pour la veuve, même avant l'expiration du délai, quand la *turbatio sanguinis* n'est plus à craindre, par exemple, après son accouchement (L. 11, § 2, D. III, 2) (1).

Tout ce qui a trait au délai de viduité est inspiré, comme on vient de le voir, par la crainte d'une confusion de part. En 381 cependant, les

(1) A la question du délai de viduité se rattache celle du deuil. Le deuil n'est pas imposé aux hommes qui serait pour eux, au dire de Sénèque, chose inconvenante : « *Viris ad lugendum nullum tempus legitimum quia nullum honestum* ». Quant aux femmes, d'après une vieille coutume qui remonte à Numa, la femme doit porter le deuil pendant dix mois après la mort de son mari, comme aussi de ses ascendants ou descendants. (L. 9., D., III. 2.) Cette obligation toute de piété dans les premiers temps et complétement abandonnée à la conscience individuelle fut, depuis la loi Julia, sanctionnée par l'infamie. (Frag. Vat., § 320.) Le deuil consiste, d'après Paul (1, 20, § 14) à s'abstenir des festins, de la toilette et des vêtements blancs. Un décret du Sénat vint à nouveau dispenser les femmes de ces marques officielles de la douleur, et le deuil reprit dès lors son caractère de simple usage domestique. Au reste, il n'avait jamais été par lui-même un empêchement au mariage. Une femme pourrait se marier immédiatement après la mort de son père ou de son enfant (L. 11. D., III, 2), et la chose n'est pas étonnante, puisque la célébration d'un mariage n'a pas besoin d'être entourée de solennités susceptibles de violer les prescriptions du deuil. Festus prétend même que les fiançailles d'une femme mettaient fin à son deuil. Si le mariage était impossible pendant le deuil du mari, il ne faut pas en voir la cause dans le deuil lui-même, mais bien dans les considérations sociales et morales que nous avons présentées plus haut. Cette vérité ne fût-elle pas évidente, on pourrait encore alléguer en preuve la loi 11. (D., III, 2), déjà citée, aux termes de laquelle la veuve doit observer le délai de viduité même après la mort d'un mari dont l'indignité ne permet pas qu'elle porte le deuil.

empereurs Gratien, Valentinien et Théodose, poussèrent jusqu'à un an le délai qui n'avait été jusqu'ici que de dix mois, changeant ainsi le caractère de la prohibition et l'appuyant sur des raisons de convenance autant que sur des motifs juridiques. Cette innovation, inspirée peut-être par le Christianisme, devait en tout cas n'être que passagère. L'ancienne règle a reparu dans notre ancien droit et le Code civil l'a de nouveau consacrée (1).

Avant de terminer sur le point qui nous occupe, nous devons signaler le pouvoir qu'a l'empereur de remettre à la femme les peines qui lui incombent en punition de sa faute (L. 4, C. VI, 56).

Les choses vont sans difficultés au cas où il n'y a pas d'enfants du précédent mariage; mais, s'il en reste, la mère ne peut obtenir sa grâce qu'à la condition de leur donner purement et simplement en pleine propriété la moitié de ce qu'elle possède au jour du second mariage. Ce n'est que dans l'hypothèse où tous prédécèdent intestats et sans enfants qu'elle reprend sa donation dans la succession du dernier mourant.

Le délai de viduité dont nous venons de parler n'est imposé à la femme qu'après la mort de son mari. Il s'ensuit qu'après la dissolution de son mariage par divorce ou autrement, une femme

(1) C'est la théorie du droit Canon lui-même appuyée sur ces paroles de l'Apôtre : « Mulier, viro suo mortuo, soluta est a lege viri sui et in Domino nubet cui vult. »(*Décrétales Grégoriennes*, V, 21, cap. 5.)

peut choisir immédiatement un nouvel époux sans trouver dans la législation aucun obstacle à l'accomplissement de ses projets. Cette bizarrerie des lois romaines ne nous paraît pas susceptible d'explications satisfaisantes. Quoi qu'il en soit, elle existait et obligea le préteur à prendre des mesures très minutieuses pour conjurer en pareille occurrence les dangers de la confusion de part. Nous les résumons ainsi : L'enfant que met au monde une femme divorcée n'est réputé fils du premier mari que si celui-ci, régulièrement averti de la grossesse dans les trente jours, garde le silence ou envoie à son ancienne épouse des gardiens dont elle accepte la surveillance. En toute autre hypothèse, il garde le droit de désavouer sa paternité comme aussi l'enfant reste libre de l'établir contre lui (L. 1, D. XXV, 3). Plus simples et plus logiques en même temps, les empereurs chrétiens assimilèrent à la veuve la femme divorcée, imposant à l'une comme à l'autre le célibat forcé pendant un an (LL. 8 et 9. C. V. 17).

Les textes précités ne parlent pas de ce qui arrive au cas où le mariage se dissout autrement que par la mort ou le divorce, et ce silence du législateur ne nous permet pas d'improviser une solution.

Après avoir constaté la durée normale du délai de viduité, nous devons signaler en terminant un cas spécial où ce délai peut être perpétuel. En 390, Valentinien, Théodose et Arcadius portèrent une constitution aux termes de laquelle une femme qui veut, après la dissolution de son mariage, obtenir la tutelle de ses enfants, doit promettre sous serment de ne jamais se remarier (L. 2, C. V, 35). Si, par la suite, elle devient parjure et se remarie sans rendre ses comptes ni faire nommer un tuteur qui la remplace, elle se voit écartée comme indigne de la succession de son enfant mort impubère, et ses biens sont, en outre, ainsi que ceux de son second mari, soumis à une hypothèque qui garantit l'administration passée (L. 6, C. VI, 56. — L. 6, C. VIII, 15). Justinien trouva cette peine insuffisante pour une femme coupable à la fois de mépris envers Dieu, d'outrage à la mémoire de son mari, et de négligence vis-à-vis de ses enfants; aussi infligea-t-il à sa triple faute le châtiment de l'infamie. Assimilée dès lors à la veuve qui n'a pas respecté le délai de viduité, elle est frappée comme elle de toutes les incapacités que nous avons déjà énumérées plus haut, et comme elle aussi, elle peut s'en faire relever par l'autorité impériale, à la condition de se dépouiller en faveur de ses enfants de la moitié de sa fortune. (Nov. 22, cap. 40.) Heureusement, ces exagérations ne se maintinrent pas. Quelque temps après, Justinien constatait lui-même que, pour être rigoureuses, ses lois n'étaient pas efficaces. Il se persuadait aussi de l'inutilité du serment qu'on imposait aux femmes tutrices. La crainte du parjure n'en arrêtait pas une. Prenant alors le bon parti, il se résolut à l'abolition de ce serment préalable, et se contenta d'édicter contre la mère remariée la déchéance de la tutelle (Nov. 94, cap. 2).

CHAPITRE II

CAPACITÉ RELATIVE

Lorsque deux personnes respectivement capables de convoler en secondes noces veulent s'unir ensemble, il ne leur est pas toujours loisible de le faire et des empêchements peuvent s'interposer entre elles. Nous allons étudier ceux de ces empêchements particuliers aux seconds mariages.

SECTION PREMIÈRE

EMPÊCHEMENTS SPÉCIAUX AUX SECONDES NOCES

Le premier empêchement spécial aux secondes noces est celui qui existe entre les ascendants et descendants légitimes. Il est absolu et s'étend à tous les degrés de la ligne directe, *in infinitum*.

A l'exemple du précédent, celui qui résulte de l'alliance suppose nécessairement un convol. Qu'il s'agisse des époux de nos parents ou des parents de notre époux, le lien qui nous unit provient toujours d'un mariage. Sans insister d'ailleurs sur

cette vérité incontestée, occupons-nous de déterminer l'influence de l'alliance sur le *connubium*.
Elle se résume en deux règles qu'on peut formuler
ainsi : « L'alliance dans la ligne directe, soit ascen-
dante, soit descendante, forme toujours obstacle
au mariage. » Un homme ne peut épouser ni sa
belle-mère, ni sa marâtre, ni sa bru, ni sa belle-
fille ; une femme ne peut épouser ni son beau-
père, ni son parâtre, ni son gendre, ni son beau-
fils, etc. Voilà la première règle qui ne souffre pas
d'exceptions. Voici maintenant la seconde : « L'alliance en ligne collatérale ne forme jamais obstacle au mariage. » Cette règle, absolue dans le
droit classique, comporte, depuis Constance, une
exception qui fut ratifiée par Justinien. Le beau-
frère et la belle-sœur sont incapables de s'unir
(L. 5, C. V, 5). Le Code civil français est plus
large et autorise des dispenses pour ces unions.

Il est presque inutile de faire remarquer que
nos deux règles, dominées par le grand principe
de la monogamie, ne trouvent leur application
qu'après la cessation de l'union d'où dérivait l'alliance. Jusqu'à ce moment, les deux alliés sont
séparés, moins par l'alliance que par le mariage
dans lequel est engagé l'un d'eux.

Nous avons dit que l'alliance ne pouvait présenter d'obstacles qu'aux seconds mariages ; on
rencontre cependant nombre de règles qui semblent donner tort à cette théorie. La cause en est
à la délicatesse des Romains, qui disaient : « *In*

contrahendis matrimoniis naturale jus et pudor inspiciendus est. » Inspirées de ce sentiment, les lois, à côté de l'alliance légitime et véritable, reconnaissent une alliance naturelle provenant, par exemple, du concubinat ou du contubernium (L. 4, C., V, 4. — L. 14, § 3, D., XXIII, 2). C'est cette sorte d'alliance qui pouvait mettre obstacle au mariage de deux individus, bien que ni l'un ni l'autre n'ait été précédemment marié. Mais ce n'est pas là une contradiction de notre principe, c'en est plutôt une extension, et il faut en dire autant des prohibitions en vertu desquelles un homme ne peut pas épouser la fille que sa femme divorcée procréa avec un autre homme, bien qu'elle ne soit pas sa belle-fille, ni la fiancée de son fils, bien qu'elle ne soit pas sa bru, ni la fiancée de son père, bien qu'elle ne soit pas sa marâtre (Instit., I, X, § 9).

Après les prohibitions qui résultent de la parenté et de l'alliance, il faut signaler encore, comme spéciales aux secondes noces, celles que créèrent successivement Auguste et Constance.

La femme, condamnée pour adultère, est incapable, après la rupture de son mariage, d'épouser l'homme qui fut son complice (L. 40, D., XLVIII, 5).

Telle est la décision d'Auguste. Elle devint inutile à partir de Constantin, qui punit de mort l'adultère (L. 30, C. IX, 9), et resta aussi sans effet sous Justinien, qui, maintenant la peine capitale pour le complice de la femme, la commua, pour cette dernière, en une détention perpétuelle dans un monastère (Nov. 134, cap. 10).

Voici maintenant le dernier empêchement dont la création remonte à Constance.

La veuve ne peut s'unir à l'homme qui l'a enlevée, soit qu'elle ait consenti, soit qu'elle ait résisté à l'enlèvement. Il n'y a là qu'une extension de l'empêchement établi par Constantin, entre le ravisseur et la jeune fille.

Telles sont les deux classes d'empêchement qui constituent l'incapacité relative. Il nous reste à en chercher la sanction, comme nous l'avons fait déjà pour l'incapacité absolue.

SECTION II

SANCTION DES EMPÊCHEMENTS PRÉCÉDENTS

Toutes les règles relatives à la capacité réciproque des parties, sont susceptibles d'une double sanction : la première, générale et absolue; la seconde, spéciale et relative.

Et d'abord, disons-nous, les mariages contractés entre personnes relativement incapables, sont tous soumis à une sanction commune, qui est la nullité. Ce vice initial est ineffaçable, sauf une exception en faveur du rapt qui n'engendre qu'une

nullité relative, prescriptible par cinq ans (L. 1,
C. Th. IX, 25).

La nullité dont nous parlons est indépendante
de la bonne ou de la mauvaise foi des époux et
produit dans tous les cas toutes ses conséquences
légales.

Les parties donc n'ont pas droit au titre d'é-
poux; leur union, loin de constituer un mariage,
n'est regardé que comme un rapprochement fortuit, et les biens que la femme a apportés à
l'homme, ne formant pas une véritable dot, ne
sont pas traités suivant les règles particulières du
régime dotal. Enfin, les enfants, assimilés aux
vulgo concepti, ne sont pas soumis à la puissance
paternelle, et ne peuvent même pas établir légalement, quoiqu'elle soit certaine en fait, leur filiation paternelle (Instit. I, X, § 12).

Ces résultats, disons-nous, se produisaient toujours, même vis-à-vis des parties de bonne foi.
C'est, qu'en effet, on ne connut jamais à Rome
l'institution d'origine récente que les lois modernes ont organisée sous le nom de mariage putatif,
et dans laquelle, prenant en considération la sin-
cérité des conjoints, le législateur fait produire à
leur alliance, tout en la brisant, les effets d'un
mariage légitime. On trouve pourtant dans le Digeste (L. 57, XXIII, 2) un rescrit de Marc-Aurèle,
par lequel ce prince légitime des enfants incestueux, à raison de la bonne foi de leurs parents.
Il est vrai que l'espèce se présentait dans des cir-

constances on ne peut plus favorables; car la bonne foi des parties avait duré quarante ans, et de leur union féconde était sorti un grand nombre d'enfants. Aussi ne faut-il voir là qu'une décision exceptionnelle, comme on en trouve assez fréquemment à l'époque impériale, et par laquelle la toute-puissance des Césars paralysait, dans une circonstance déterminée, les effets de la loi commune. Nous verrons plus tard les empereurs chrétiens, s'inspirant peut-être de ce rescrit, en généraliser les termes et faire jouer à la bonne foi, du moins au point de vue pénal, un rôle désormais considérable.

La sanction de la nullité, dont nous venons de parler, a été présentée par nous comme générale et absolue. Tel est, en effet, notre avis. Mais certaines personnes, nous devons le reconnaître, prétendent y trouver une exception et affirment que les unions prohibées par les lois Julia et Papia Poppœa, quoique sans utilité au point de vue de ces lois, restent cependant valables en droit civil. Il n'entre pas dans notre plan de donner à cette discussion des proportions considérables. Qu'il nous soit permis, cependant, d'attirer l'attention sur un point. Au nombre des arguments que font valoir nos adversaires, il en est un auquel M. de Savigny paraît attacher beaucoup d'importance. S'emparant des termes d'une loi du Code (L. 1, V, 9), qui déclare infâme la veuve remariée avant l'expiration du délai de viduité et qui restreint au tiers de ses biens la quotité de la dot que peut recevoir son second époux, M. de Savigny écrit : « Cette loi, qui fixe les peines du mariage prématuré, reconnaît en termes si formels sa validité et surtout l'existence juridique d'une dot véritable, que le seul moyen de ne pas se mettre en contradiction avec elle est de reconnaître que la loi Julia, en prohibant certains mariages, n'a pas en vue leur nullité. » (*Traité de droit romain*, traduit par Guenou, t. II, append. 7, § 3.) Je ne sais si je m'abuse, mais il me semble que cet argument resté, je crois, sans réplique, est susceptible pourtant d'une réfutation victorieuse. Et, en effet, la loi Julia prohibe le mariage d'une infâme avec un ingénu. Mais est-ce là notre cas ? Pas le moins du monde. Pour s'en convaincre, il suffit de se reporter à l'édit du préteur sur les infâmes, où nous trouvons rangé au nombre des individus atteints par cette flétrissure, l'homme qui a épousé sciemment une veuve avant l'expiration du délai de viduité (L. 1, D., III, 2). Dans la loi que vise M. de Savigny, il n'y a en présence que deux infâmes. Pourquoi faire intervenir ici la loi Julia ?

Nous ne pousserons pas plus loin cette discussion, puisque notre intention n'est pas de la donner tout entière. En somme, et c'est notre conclusion, nous regardons comme générale et sans exception la règle qui annule le mariage de deux individus relativement incapables.

Telle est la première sanction. Mais, ainsi que nous l'avons annoncé, elle ne va pas toujours seule, et dans les circonstances où le mariage nul constitue non-seulement un délit civil, mais encore un acte criminel, la loi pénale intervient et frappe les coupables de peines qu'il nous reste à faire connaître, en parlant successivement du rapt et de l'inceste.

Le rapt semble n'avoir pas été regardé comme un crime dans le très-ancien droit, puisqu'on trouve, dans une vieille déclamation, ces mots : « *Raptori raptæ ducendæ lex necessitatem imponit.* »

Quoi qu'il en soit, on le punit plus tard, au moins quand la violence l'avait accompagné. Le ravisseur restait à l'abri de toute peine, si la femme n'avait pas résisté. Constantin se montra plus sévère en punissant, dans tous les cas, le ravisseur et ses complices, et la femme elle-même, non-seulement si elle s'était laissé enlever, mais encore si elle n'avait pas suffisamment résisté. Le châtiment du ravisseur était le bûcher. Constance ne laissa subsister cette peine terrible que pour les esclaves, et la remplaça pour les hommes libres par celle du glaive, mais en l'étendant du ravisseur d'une jeune fille, à celui d'une religieuse ou d'une veuve (L. 1, C. Th., IX, 25). Jovien consacra cette législation (L. 2, *ibid.*). Honorius et Théodose la remplacèrent par la déportation et la confiscation (L. 3, *ibid.*). Enfin, Justinien revint de nouveau à la peine capitale, à laquelle il adjoignit la confiscation, toutes les fois que la femme enlevée était une ingénue. Au reste, cette confiscation n'en était pas une, à proprement parler, puisqu'elle s'accomplissait, non pas au profit du trésor public, mais au profit de la victime, à titre de dédommagement (L. 1, C., IX, 13).

L'inceste est le crime que commettent en s'unissant ensemble deux individus parents ou alliés au degré prohibé par la loi. Le châtiment infligé aux coupables varie suivant les cas. S'ils ne sont qu'alliés ou parents collatéraux, la femme dont on présume la bonne foi n'est pas punie, et l'homme subit un châtiment dont la sévérité, très grande au cas d'union clandestine, s'adoucit devant la publicité du mariage, signe probable de la bonne foi. (L. 68, D., XXIII, 2. — L. 38, § 2, D., XLVIII, 5.)

Dans l'hypothèse où les coupables sont parents en ligne directe, ils sont punis tous deux de la *relegatio in insulam.* On confisque en outre la moitié du patrimoine de l'homme et le tiers de celui de la femme, ainsi que sa dot considérée comme caduque. (Paul, II, 26, § 14, L. 61, D., XXIII, 2.)

Valentinien, Théodose et Arcadius décrétèrent de plus la confiscation de toutes les donations que s'étaient déjà faites ou que pourraient se faire les conjoints incestueux (L. 4, C, V, 5). Leurs successeurs (L. 6, *ibid.*) les privèrent du droit de disposer de leurs biens, de quelque façon que ce soit, si ce n'est en faveur de leurs enfants, petits-enfants, père, mère, aïeuls et aïeules, frères et sœurs, oncles et tantes, tous parents légitimes, bien entendu. Justinien va plus loin encore et les dépouille de tous leurs biens au profit de leurs enfants légitimes, s'ils en ont, ou sinon, au profit du fisc. Il ajoute à ces peines pécuniaires l'exil, et le fouet pour les personnes viles (Nov. 12, cap. 1), la mort même pour les habitants de l'Osdroène et de la Mésopotamie, chez qui l'habitude de l'inceste était invétérée (Nov. 154).

Remarquons, en finissant, que les empereurs chrétiens qui avaient aggravé les peines de l'inceste apportèrent en même temps dans cette matière une importante amélioration. Guidés par le rescrit de Marc-Aurèle, dont nous avons déjà parlé, et aussi par la décision de Valérien et Gallien, qui, en 259, soustrayaient aux peines de la bigamie l'époux trompé par son conjoint, ils exemptèrent des déchéances portées contre l'inceste les gens de bonne foi qui se séparaient spontanément et sans retard (L. 4, C. V, 5). Bien des décisions déjà avaient été rendues dans le même sens (L, 38, §4, D. XLVIII, 5); mais ils eurent du moins l'honneur de formuler d'une façon générale le principe qui doit dominer cette matière.

CHAPITRE III

INFLUENCE DES LOIS CADUCAIRES. — RÉACTION DES LOIS CHRÉTIENNES

Les lois caducaires ont été portées par Auguste qui prétendait régénérer par elles le peuple romain et le ramener à la pratique des vertus austères auxquelles il devait sa puissance (1).

Tout citoyen doit être marié et avoir des enfants. Tel est le but à atteindre. Pour y arriver, la loi édicte des peines contre quiconque ne remplit pas cette double condition et les proportionne à la gravité de la faute.

Le *cælebs*, c'est-à-dire celui qui n'a ni femme ni enfants, est le plus puni, car il viole autant qu'il est possible de le faire ses devoirs d'homme et de citoyen. Aussi, ne peut-il recueillir ni hérédités testamentaires ni legs. L'*orbus*, c'est-à-dire l'individu marié, mais qui n'a pas d'enfants, étant moins coupable, est traité d'une façon plus clémente. On

---

(1) C'est à elles que font allusion ces vers d'Horace qui, entre beaucoup d'autres, lui ont valu d'être appelé si souvent courtisan d'un despote.

> Quum tot sustineas et tanta negotia solus
> Res Italas armis tuteris, moribus ornes,
> Legibus emendes, etc.
>
> (Epit. I, liv. 8)

Mais c'est d'elles encore que le même poète disait plus tard :

> . . . . Quid leges sine moribus
> Vanæ proficiunt ?
>
> (Odes, III, 24)

ne lui enlève que la moitié des libéralités testamentaires qui peuvent lui survenir. Enfin, le *pater solitarius*, c'est-à-dire l'homme actuellement sans femme, mais auquel il reste des enfants d'une union antérieure, est le moins maltraité. L'incapacité, à coup sûr légère, dont il souffre, ne nous est pas indiquée par les textes.

Ce n'était pas assez de punir les violateurs de la loi, on en récompensait les observateurs, et sous le nom de *proemia patrum*, on distribuait entre les individus actuellement mariés et pères d'un enfant au moins, les parts d'hérédités testamentaires ou de legs dont leurs cohéritiers ou colégataires étaient privés.

Tel est le système général des lois caducaires. On comprend dès lors quelle influence elles eurent sur les seconds mariages. C'est cette influence que nous devons expliquer.

Tout individu est tenu, après la mort de son conjoint, de contracter une union nouvelle, à moins pourtant qu'il ne soit très jeune ou, au contraire, d'un âge très avancé. En d'autres termes, le veuf, entre vingt-cinq et soixante ans, la veuve, entre vingt et cinquante, le premier, sans délai, la seconde, au bout de deux ans, sont tenus de se remarier sous la sanction des peines indiquées plus haut. (Ulpien, XIV) (1).

(1) Ces peines ne devenaient définitives qu'à l'expiration d'un délai de cent jours, donné à chacun pour régulariser sa situation, et qui courait à dater de la mort du testateur ou de l'événement de la condition

Les lois caducaires s'appliquaient aux divorcés comme aux veufs. Il faut signaler pourtant ici une double différence entre la femme veuve et la femme divorcée. Tandis que la loi ne permet le convol à la première qu'après dix mois et ne le lui impose qu'au bout de deux ans, la seconde peut se remarier immédiatement (1) et doit le faire nécessairement au bout de dix-huit mois. (Ulpien, X;V.)

Voilà pour la mort et le divorce. Mais, bien que ce soient là les deux modes de dissolution du mariage les plus fréquents, il en existe d'autres. Que décider à leur égard ? Dans le silence des textes, nous croyons pouvoir dire qu'au point de vue des lois caducaires, il faut assimiler à la mort plutôt qu'au divorce et la servitude considérée à Rome comme une véritable mort civile (Nov. 22, cap. 9), et la captivité qui n'est en somme qu'une espèce de servitude. Quant à l'absence, nous n'avons pas à nous en occuper. puisqu'elle n'apparaît comme mode de dissolution qu'à l'époque de Constantin, c'est-à-dire au moment de l'abrogation des lois caducaires.

suivant que la disposition était pure et simple ou conditionnelle. De là, la distinction entre la *factio testamenti* ou capacité d'être institué qu'ont laissée intacte les lois caducaires et le *jus capiendi* ou capacité de recueillir qu'elles ont profondément modifiée.

Ajoutons que les peines précitées ne sont pas applicables quand le défunt et l'institué étaient alliés en ligne directe ou parents au sixième degré. (Frag. Vat., 216, 219.)

(1) Nous savons déjà que cette faculté ne s'est pas toujours maintenue et que la femme divorcée fut astreinte, comme la veuve, à garder le délai de viduité.

Telle fut l'influence qu'exercèrent sur les seconds mariages les lois Julia et Papia Poppœa. Si étrange qu'elle nous paraisse, une telle législation peut cependant être considérée comme s'inspirant des idées anciennes en vertu desquelles « le célibat était à la fois une impiété grave et un malheur, une impiété, parce que le célibataire mettait en péril le bonheur des mânes de sa famille; un malheur parce qu'il ne devait recevoir lui-même aucun culte après sa mort » (*Cité antique*, II. 3). Bien plus, elles n'étaient que la reproduction des lois anciennes que Denys d'Halicarnasse prétend avoir trouvées dans les vieilles annales de Rome, et qui obligeaient les jeunes gens à se marier (IX, 22). Ces lois dont Cicéron atteste aussi l'existence (*De legibus*, III, 2) existaient chez les Grecs (Pollux, III, 48) où Lycurgue rayait du nombre des citoyens l'homme qui ne se mariait pas. Quoi qu'il en soit, de pareilles idées avaient disparu, au temps de l'Empire, avec la religion qui leur avait donné naissance, et rien ne nous paraît plus extraordinaire que la longue persistance des lois caducaires. La réaction longtemps comprimée éclata enfin. Poussé par l'esprit du christianisme qui honore le célibat et l'impose même à ses ministres, Constantin s'empressa d'abroger ces lois tyranniques (L. 1. C. VIII. 58), et, à en juger par les efforts qu'on avait faits de tout temps pour les violer, cette abrogation dut rencontrer une approbation universelle. En tout cas, elle fut définitive, et nous aurons même à constater bientôt un excès contraire à propos de certaines dispositions où le législateur du Bas-Empire ne dissimule pas son aversion des seconds mariages.

La mesure législative de Constantin enlevait aux seconds mariages leur caractère obligatoire et les rendait à nouveau facultatifs. Eh bien ! c'est cette faculté que paraissent attaquer, légèrement sans doute, mais avec une sorte de persistance, plusieurs lois émanées de ses successeurs chrétiens.

La tendance que nous signalons se manifesta de deux manières : d'une part, par les restrictions apportées à la dissolution des mariages, d'autre part par les prohibitions opposées aux secondes noces.

Des quatre cas de servitude que reconnaissait le droit classique, deux disparaissent sous Justinien, et le troisième, sous Léon, en sorte qu'il n'y a plus désormais que le mariage des affranchis convaincus d'ingratitude envers leurs patrons qui soit susceptible de se délier ainsi. De plus, la captivité n'opère plus, comme jadis, rupture forcée du lien conjugal. Justinien, transformant cette matière, défendit à la femme d'un captif comme au mari d'une captive, de convoler à de nouvelles noces du vivant de leur époux, sous peine de perdre, la première sa dot, le second, la donation *propter nuptias* (Nov. 22, cap. 7). En cas de doute sur la vie du captif, son conjoint ne peut se remarier qu'après cinq ans. Le même empereur punit encore comme coupable d'une répudiation illégitime, la femme qui, libre encore au retour de son mari, refuse, sans raison, de le recevoir. (L. 8, D., XLIX, 15.) Cette législation fut consacrée par l'empereur Léon (Nov. 33).

Quant à l'absence, à laquelle Constantin avait attribué, comme nous l'avons déjà vu, le pouvoir de dissoudre le mariage du soldat absent depuis quatre ans, Justinien, prenant en pitié le sort de ce militaire, et trouvant qu'il est aussi dur pour lui de perdre sa femme que d'être pris par l'ennemi, substitue le délai de dix ans à celui de quatre, menaçant de punir celles qui le violeraient, comme si elles avaient donné lieu au divorce par leur faute (Nov. 22, cap. 14). Plus tard, il modifie encore son œuvre et défend à la femme le convol, tant que la mort du mari n'est pas au moins douteuse (Nov. 117, cap. 11). Dans ce dernier cas, il faut aller trouver le tribun qui atteste le décès sous serment, après quoi la femme a tout loisir de se remarier au bout d'un an. Le faux serment du tribun est puni d'une amende de dix livres d'or et de la dégradation. Quant à la femme, sa désobéissance à la loi entraîne contre elle et son complice les peines de l'adultère. le pouvoir de la reprendre restant néanmoins à son premier époux (1).

(1 En droit canonique. l'époux d'un absent ne peut se remarier que

Aucune des restrictions que nous venons de signaler n'était applicable à la mort qui continue naturellement à produire son effet inévitable. Mais la législation du divorce fut, elle aussi, remaniée complétement. Voici, entre autres innovations, celles qui ont trait à l'objet de notre étude.

Et d'abord, en ce qui touche le divorce par consentement mutuel, il fut, en 542, absolument interdit par Justinien, excepté cependant aux époux qui s'y déterminaient *concupiscentiâ castitatis*, pour vivre désormais dans la continence. Le même empereur revint plus tard, en partie du moins, aux traditions anciennes et autorisa le divorce *bonâ gratiâ*, toutes les fois que les époux nourriraient l'un contre l'autre une telle irritation que la vie commune leur deviendrait insupportable (Nov. 140). Dans ce dernier cas, les individus divorcés conservent probablement toutes facilités pour s'engager dans de nouveaux liens; mais, dans le premier, il n'en est pas de même. Le vœu de chasteté qu'ils ont fait en quittant la vie commune devient pour eux une obligation légale sévèrement sanctionnée. Si l'une des parties ose dans la suite le violer, soit en contractant un autre mariage, soit même en menant une vie irrégulière,

s'il se croit sûr de la mort de son conjoint, et ce dernier, s'il revient, reprend toujours sa place. (*Décrétales Grégoriennes*, V. 21, cap. 2). Le Code civil n'attribue pas à l'absence le pouvoir de dissoudre le mariage. (Art. 139. 227.)

on la prive, en faveur de ses enfants, de sa fortune tout entière, et on remet ces derniers, s'ils sont en bas-âge, à la garde de l'autre époux. Au cas où celui-ci est également coupable, il perd également ment aussi sa fortune, et le juge compétent pourvoit à l'éducation des enfants mineurs. La stérilité de leur union ne profite pas aux époux ; car alors le fisc substitue ses propres droits à ceux des enfants (Nov. 117, cap. 10).

Le divorce par répudiation fut modifié plus encore. On sait quel abus en firent, au premier siècle de notre ère, les dames romaines qui, au dire de Sénèque, comptaient les années non par le nombre des consuls, mais par celui de leurs maris (*De benef.*, III, 16), et qui, suivant Juvénal, se donnaient l'étrange plaisir de passer successivement en cinq ans dans les bras de huit époux différents. (Sat. II. v. 129). Tant de scandale appelait une répression, et Constantin la commença. En faisant disparaître les peines du célibat, il avait déjà permis à ses sujets de contracter des unions plus réfléchies et mieux assorties. Il compléta son œuvre, en énumérant limitativement pour l'homme et pour la femme les causes de répudiation (1). La femme qui répudie son mari en dehors des cas prévus est privée de sa fortune au profit

---

(1) Le mari ne pouvait être répudié que s'il était homicide, empoisonneur, violateur de sépulcre, et la femme, adultère, empoisonneuse, entremetteuse.

de ce dernier (1), et punie, en outre, de la déportation. Pour le mari, et c'est là ce qui nous intéresse, il est, dans les mêmes circonstances, tenu de
restituer la dot, et dépouillé à jamais du droit de
convol. S'il s'y hasarde, la première femme peut
revendiquer contre lui sa fortune tout entière et
jusqu'à la dot de la deuxième épouse (L. I. C.
Th. III. 16).

En 422, Honorius et Théodose firent des distinc-
tions nouvelles. La femme répudiant sans cause
est déportée, le mari ne l'est pas ; mais tous deux
perdent ce qu'ils se sont donné, ou qu'ils ont reçu
l'un de l'autre, et sont de plus condamnés à un
célibat perpétuel. Si la répudiation, sans être
complétement dépourvue de cause, n'est cependant
pas suffisamment motivée, la femme encourt les
mêmes peines que le mari dans l'hypothèse précédente, et par conséquent, le célibat perpétuel
que viennent encore empirer les châtiments
réservés à l'adultère. Pour le mari, il est tenu, en
pareille occurrence, de rendre la dot, tout en recou-
vrant le montant des donations qu'il a faites.
Défense lui est signifiée, en outre, de prendre une
autre épouse avant deux ans. Enfin, à l'occasion
d'une répudiation légalement justifiée, le coupable
rend ce qu'il a reçu sans reprendre ce qu'il a
donné, mais le mari peut convoler immédiatement,
tandis que la femme doit attendre cinq ans. Au

____

(1) Il peut exiger d'elle jusqu'à l'aiguille de ses cheveux, *aculeam
capitis.*

premier abord, le stage imposé dans ce cas à la femme ne paraît pas explicable, d'autant plus que, lorsqu'elle est victime d'une répudiation imméritée, on lui laisse toute liberté de se remarier sans retard, après l'expiration du délai de viduité. Quel est donc le motif de notre loi et quelle différence peut-on établir entre la femme injustement répudiée et celle qui répudie justement ? La voici. Celle que son mari renvoie sans motif est absolument étrangère au fait du divorce, et rien ne peut faire supposer qu'elle y trouve un avantage quel qu'il soit. Il n'en est pas de même de l'autre, de celle qui se sépare, avec raison du reste, de son époux. Sans doute, elle use de son droit, mais on peut la soupçonner en outre d'en profiter pour hâter un événement qu'elle désire et amener l'accomplissement de ses vœux les plus secrets, de ses plus chers désirs. En d'autres termes, on peut l'accuser de provoquer le divorce, moins par aversion du premier mari que par amour d'un autre homme qui doit être le second. Cette distinction ne manque certes pas de subtilité et nous montre surtout que les femmes de ce temps-là n'inspiraient qu'une médiocre confiance au législateur. Sans rechercher de qui c'est la faute, nous nous bornons à constater le fait (L. 2, C. Th. III. 16).

La législation que nous venons d'exposer était compliquée, sans doute, mais claire et précise. On ne peut en dire autant de celle de Justinien dont les nombreux remaniements ont peine à concorder entre eux. Il faut en extraire cependant les dispositions qui nous intéressent. Remarquons, en premier lieu, que la femme qui a envoyé à son mari un *repudium* régulier n'est plus désormais obligée d'attendre cinq ans pour contracter un nouveau mariage. Jouissant désormais du même droit que la victime d'une injuste répudiation, elle peut, sans autre retard que celui qui provient du délai légal de viduité, contracter un second mariage (Nov. 22, cap. 16 et 18). Quant à celle de qui émane un *repudium* illégitime, Justinien, sans parler des peines pécuniaires, lui imposa d'abord cinq années de veuvage forcé avec menace d'infamie pour le cas où elle contreviendrait à cette prohibition (L. 8, § 4, C., V, 17). Plus tard, il aggrava la peine et enjoignit à l'évêque de sa ville de l'enfermer dans un monastère. Enfin, le mari, coupable de la même faute et qu'il n'avait soumis d'abord qu'à des déchéances pécuniaires (L. 11, § 1, C., V, 17. — Nov. 22, cap. 15 et 17), est ensuite assimilé par lui à la femme (Nov. 117, cap. 4), et condamné, comme elle, à la réclusion dans un monastère. Les coupables ont, en outre, la possibilité d'échapper à l'atteinte des lois répressives, en rétablissant la vie commune. Celui qui refuse est alors seul puni (Nov. 134, cap 11, *in fine*).

Il est bon de rappeler ici, quoique nous l'ayons déjà vu plus haut, que les empereurs chrétiens

avaient généralisé l'observation du délai de viduité, en l'imposant à la femme divorcée comme
à la veuve, qu'ils exigeaient pour la validité des
seconds mariages le consentement de la famille,
toutes les fois que la future, même *sui juris*, était
mineure de vingt-cinq ans, et enfin, qu'ils enle-
vaient la tutelle de leurs enfants à toutes les mères remariées. C'est ainsi que s'accuse la double
influence que nous avions à constater, celle des
lois caducaires qui poussent axx seconds mariages, celle des lois chrétiennes qui s'efforcent de
les entraver.

Nous avons épuisé la liste des conditions qu'on
exigeait à Rome pour la validité des secondes
noces. Ainsi se trouve achevée la première partie
de cette étude. Il nous reste maintenant à com-
menter, en poursuivant notre travail, les textes
qui ont pour objet les effets des seconds mariages. Ces textes sont plus spécialement l'œuvre
des empereurs chrétiens; ce sera donc à peu près
exclusivement la législation du Bas-Empire qui
nous fournira les développements de notre
deuxième partie.

DEUXIÈME PARTIE

EFFETS DES SECONDS MARIAGES

Les seconds mariages régulièrement formés produisent les mêmes effets que les premiers, modifiés quelquefois suivant les circonstances. Ils en ont aussi de spéciaux. Nous allons étudier les uns et les autres.

CHAPITRE PREMIER

EFFETS DES SECONDS MARIAGES QUAND IL N'EXISTE PAS D'ENFANTS DU PREMIER LIT

Quand les parties qui s'unissent sont toutes deux sans enfants, les choses vont aussi simplement que possible, et les effets de leur union sont à peu près les mêmes que ceux d'un premier mariage. Nous signalerons au passage les quelques différences sur lesquelles il importe d'appeler l'attention.

Tout d'abord, il faut dire que la femme remariée perd les qualités, quelles qu'elles soient, que lui avait communiquées son premier époux (L. 8, D., I, 9), et, revêtant désormais celles du second, prend sa condition, ses titres (L. 13, C., XII. 1), ses priviléges (Frag. Vat., § 104), son domicile (L. 22, § 1, D., L. 1) et, dans l'antiquité, son culte domestique (L. 4, C., IX, 32). La vanité pouvait avoir à souffrir de pareils changements et c'est pourquoi nous voyons des femmes solliciter de l'Empereur la permission de conserver, après leur convol, les titres de leur ancien mari. Cette permission ne fut du reste accordée qu'en de rares circonstances et à titre de faveur exceptionnelle. Ainsi l'obtint Julia Mamœa qui, au témoignage d'Ulpien, était la cousine du prince auquel elle s'adressait (L. 12, D., I, 9).

Les lois répressives de l'adultère sont applicables aux secondes noces dans toute leur sévérité. L'accusation qui ne peut atteindre à la fois les deux coupables, est susceptible de se porter indifféremment sur l'un ou sur l'autre, au gré du poursuivant. Toutefois, en supposant la femme engagée déjà dans une nouvelle union à laquelle le mari n'a pas fait opposition, il est nécessaire de s'attaquer d'abord au complice (L. 11, § 11, D., XLVIII, 5). Rien n'est prouvé contre la femme jusqu'à sa condamnation, et le législateur a craint qu'en pareille circonstance on n'ait souvent affaire à l'esprit de vengeance ou de rancune contre qui il importe de se prémunir.

Nous avons déjà vu les seconds mariages encouragés ou pour mieux dire exigés par les lois caducaires. Il est bon de le rappeler ici et de faire remarquer qu'ils avaient pour effet de soustraire les individus dont le premier mariage était dissous aux peines qui menaçaient leur célibat, et même, s'ils étaient féconds, de les faire participer en outre à la distribution des *præmia patrum* (1).

Même après Constantin, l'utilité des seconds mariages subsiste à ce point de vue, quoique beaucoup diminuée. En abolissant les peines du célibat, ce prince ne fit pas en effet disparaître complétement le *jus patrum* qui continua à s'exercer en plusieurs circonstances (2). C'est Justinien qui porta le dernier coup à la théorie des *præmia patrum* et enleva sur ce point aux seconds comme aux premiers mariages toute leur efficacité.

Les règles qui concernent la filiation, sont identiques pour les premiers et les seconds mariages. Nous avons vu comment on réglait celle de l'enfant que mettait au monde une femme après son divorce, remariée ou non. Quant aux autres, conçus pendant le mariage, ils sont légitimes et susceptibles de désaveu, suivant les principes du droit commun (L. 12, D., I, 5. — L. 3, D., XXXVIII, 16. — L. 6, D., I, 6).

La légitimation résulte des secondes noces comme des premières, avec quelques légères modifications.

(1) Les interprètes refusent tous aux femmes la *vindicatio caducorum*, se fondant sur ce qu'on ne tient compte ici que de la descendance *per masculos*. (Frag. Vat., § 193). De là une situation défavorable pour les femmes. Punies, comme les hommes, quand elles violent les lois caducaires, elles ne sont pas, quand elles les observent, récompensées comme eux.

(2) Notamment sur toutes les dispositions dites *in causâ caduci*, et même parmi les dispositions caduques proprement dites, sur celles dont le destinataire était latin Junien, ou devenait incapable de recueillir soit par décès, soit par perte de la *factio testamenti*, dans l'intervalle qui séparait la mort du testateur et l'*apertura tabularum*.

Ce fut seulement sous le Bas-Empire que la légitimation des enfants naturels fut attachée au mariage subséquent des père et mère. C'est à Constantin qu'on est redevable de cette innovation. Mais, dominé par des scrupules sans fondement, il n'admit à la participation de ce privilége que les enfants déjà nés, ne voulant pas qu'on l'accusât dans la suite d'avoir favorisé la débauche en instituant un moyen légal d'en réparer les effets.

En 476 Zénon renouvela la constitution de son prédécesseur, en l'entourant des mêmes restrictions, et c'est seulement sous Anastase que la légitimation prit un caractère définitif et permanent. Voici les conditions auxquelles elle était soumise. En premier lieu, le mariage doit être sérieusement constaté par un acte écrit (Lois 10, 11, C., V, 7) et les enfants sont tenus de consentir ou du moins de ne pas s'opposer à la faveur qu'on leur propose et qu'on ne peut leur imposer (Nov. 89, cap. 11). Outre ces conditions extrinsèques, il en est d'autres encore qui touchent au fond des choses. Quand il s'agit d'un premier mariage, elles sont relatives d'une part à l'état de la concubine qui doit être ingénue, et d'autre part à la situation respective des père et mère entre lesquels a dû exister le *connubium* au jour de la conception. S'agit-il d'un second mariage, il faut de plus que la conception ne remonte pas à une époque où la précédente union n'était pas encore dissoute, et, enfin, que cette précédente union soit restée stérile, ou du moins, que les enfants qu'elle a produits n'existent plus.

Justinien renouvela cette législation et en étendit les effets. Les enfants d'affranchis purent désormais être légitimés, et même aussi ceux d'une femme esclave, lorsque, affranchie plus tard, elle échangeait son titre de concubine contre celui d'épouse du patron (Nov. 78, cap. 4, Nov. 18, cap. ult.). Au cas de second mariage, la légitimation devint possible, quand bien même il restait des enfants du premier lit (Nov. 12, cap. 4). Une seule exception fut faite au préjudice des enfants que l'affranchie avait donnés à son patron, étant encore en esclavage (Nov. 18, cap. 11). Pour ceux dont elle avait accouché après son affranchissement, ils étaient légitimés dans tous les cas.

Après leur légitimation, les enfants jouissent de la plénitude des droits qui sont l'apanage de la légitimité et sont placés dans la famille au même rang que leurs frères et sœurs conçus pendant le mariage. Ne sont-ce pas en effet ces bâtards, dit Justinien, qui sont la cause du mariage et, par suite, de la légitimité de ceux qui en sortent (Nov. 89, cap. 8.)?

Les seconds mariages, à l'exemple des premiers et à l'exclusion de tout autre contrat, rendent possible une constitution de dot (L. 3, D., XXIII, 3). Ils présentent même, relativement aux femmes, une particularité remarquable. La fille de famille, veuve, a le droit, quand elle se remarie, d'exiger de son père la dot même qu'elle a reçue de lui, lors de sa première union. Ce droit de la fille est consacré expressément par Justinien qui, abdiquant en cette occasion ses préventions con-tre les seconds mariages, fait défense au père de rien retenir sur la dot que la mort de son premier gendre a fait revenir entre ses mains. N'en avait-il pas fait le sacrifice et n'est-ce pas à un événement fortuit qu'il doit de l'avoir recouvrée ? Quel que soit donc le chiffre de cette dot, la femme à qui elle a été donnée a sur elle un droit acquis et peut l'exiger tout entière pour son convol. La solution ne change même pas dans l'hypothèse où la femme, gardant pour une raison quelconque tout ou partie de la donation anténuptiale, trouve ainsi dans la dissolution de son premier mariage une source d'enrichissement. Ce sera l'occasion pour elle de contracter une autre union plus brillante que la précédente.

Les développements que nous venons de don-ner supposent tous que la situation pécuniaire du père n'a pas changé, ou, tout au moins, s'est peu modifiée ; car, s'il était tombé dans la détresse, il aurait le droit, voyant rentrer en sa possession la dot de sa fille, d'exercer sur elle les retenues nécessaires (Nov. 97, cap. 5).

Les règles qui ont trait à la répétition de la dot comme celles qui se rapportent à sa constitu-tion sont communes aux premières et aux secondes noces. Mais une question s'élève ici, grosse de difficultés. Quand les deux épouses successives d'un homme sont en instance pour répéter leur dot et que le patrimoine de leur mari commun est insuffisant pour les désintéresser l'une et l'au-tre, laquelle faut-il préférer ? La première ? Mais peut-être sa dot était-elle déjà dépensée quand le mari a reçu celle de l'autre, et alors pourquoi la dernière épouse verrait-elle ses propres deniers servant au remboursement de sa rivale? Justi-nien crut concilier l'équité avec les principes en déclarant que les deux femmes, en pareille circonstance, reprendraient chacune ce qui sub-sisterait de leurs dots respectives, et que, pour le reste, elles se conformeraient au droit commun. *Prior tempore, potior jure* (Nov. 91, cap. 1.).

Parmi les effets que produisent les secondes no-ces, il ne faut pas oublier un des plus importants. Il s'agit de l'influence qu'elles ont sur un legs fait au survivant des deux époux par le prémou-rant, sous la condition de garder un veuvage per-pétuel. Les règles qui gouvernent cette matière, au fond toujours à peu près identiques, ont varié dans les détails et méritent d'être exposées ici, telles qu'elles étaient avant Justinien, et telles qu'elles sont devenues sous cet empereur.

La loi Julia Miscella statuait jadis que la femme à qui son mari faisait un legs sous la con-dition dont il s'agit, pouvait néanmoins, dans l'année du décès, pourvu qu'elle représentât sa conduite comme inspirée par le désir d'avoir des enfants, prendre un nouvel époux, tout en profitant de la libéralité du premier. Une fois écoulé ce délai, le legs de son mari n'était plus accessible à la femme qu'autant qu'elle jurait de s'abstenir à jamais d'un autre mariage.

Quant aux hommes, la loi n'en parlait pas, mais il est probable, vu la plus grande liberté dont ils jouissaient, qu'on ne leur imposait pas ce serment.

Avec Justinien, le principe s'affirme davantage. Comprenant à la fois l'homme et la femme, sa constitution déclare qu'il ne leur est loisible, en aucune occasion, de se jouer des volontés de leur conjoint. Celui qui se remarie n'a jamais droit au legs ; celui qui prend le legs, ne peut jamais se remarier. Voyons maintenant les détails de la procédure.

Dans l'année qui suit le décès, la délivrance du legs ne peut pas être obtenue par l'époux survivant, à moins pourtant qu'il entre dans les ordres et s'interdise ainsi la possibilité d'un mariage postérieur. Après ce délai, la réclamation lui devient permise ; mais il doit l'accompagner de garanties qui assurent en cas de convol la restitution complète. Le legs porte-t-il sur des immeubles, le légataire les prend en fournissant caution juratoire de les restituer, s'il se remarie, avec les fruits perçus, et en offrant, en outre, une hypothèque sur ses biens, hypothèque qui s'établit

tacitement, de par la volonté du législateur, dès
le jour de la prise de possession. Le legs est-il
mobilier, les choses se passent de même. Enfin,
s'agit-il d'une somme d'argent, on peut demander de plus un fidéjusseur. La restitution comprend alors, outre le capital, les intérêts perçus,
ou à leur défaut, ceux que fixe la loi, *usuras tertiæ
centesimæ*. En face d'un légataire en qui il n'a
pas confiance, l'héritier peut exiger impérieuse-
ment le fidéjusseur, et garder, si on ne le lui présente pas, la somme léguée dont il paie alors les
intérêts légaux, soit jusqu'au convol du légataire,
auquel cas il répète ce qu'il a fourni, soit jusqu'à
son ordination, auquel cas il lui abandonne tout,
soit jusqu'à sa mort, auquel cas il donne à ses héritiers le capital, sans recouvrer les intérêts.

Toutes ces prescriptions sont également applicables à l'hypothèse où le testateur n'est pas un
époux, mais un tiers quelconque imposant à son
légataire la condition de ne pas se remarier
(Nov. 22. cap. 43-44).

Nous pourrions arrêter ici la liste des effets que
produit un second mariage, en l'absence d'enfants
d'un premier lit. Il nous semble intéressant néanmoins d'en signaler un encore, d'une nature toute
particulière. On doit, pour le rencontrer, descendre
jusqu'à cette époque du Bas-Empire où la puissance ecclésiastique, faisant irruption dans le do-
maine civil, fait consacrer par la loi des obligations toutes religieuses. A ce moment donc, si le

clerc engagé seulement dans les ordres mineurs
et auquel par conséquent le mariage reste permis,
vient à convoler en secondes noces, il voit se fermer pour jamais devant lui la porte du sacerdoce,
et reste, pour parler le langage de Justinien, auprès de sa femme dont l'affection le consolera de
sa déchéance (Nov. 22, cap. 42). De même encore,
le laïque, par cela seul qu'il est binube, ne peut
pas, s'il entre dans les ordres, aspirer à la prêtrise
(*loc. cit.*). Saint Ambroise prétend même dans une
de ses lettres que le concile de Nicée avait interdit
aux binubes jusqu'à la cléricature. Cette assertion,
il est vrai, n'est pas prouvée, et Justinien, à coup
sûr, ne s'en est pas préoccupé.

Nous en avons fini avec les seconds mariages
contractés par des personnes sans enfants. En
abordant le chapitre suivant, nous entrons dans
une étude plus difficile sans doute, mais aussi
beaucoup plus intéressante.

CHAPITRE II

EFFETS DES SECONDS MARIAGES QUAND IL EXISTE DES ENFANTS D'UN PREMIER LIT

LÉGISLATION DES EMPEREURS PAIENS

L'existence des enfants d'un premier lit est de
nature à exercer sur les seconds mariages une
influence considérable. Cependant, nous ne

voyons pas qu'à Rome, pendant toute la durée du paganisme, cette question si importante ait préoccupé en aucune façon le législateur. C'est à partir d'Auguste seulement qu'il est possible d'établir une distinction entre les seconds mariages contractés par des individus qui ont déjà des enfants, et ceux que contractent des personnes qui n'en ont pas. Encore cette distinction qui se rattache aux lois caducaires ne repose-t-elle que sur des différences assez légères et sur des règles de détail qui n'ont nullement pour but d'assurer la protection des enfants.

Ainsi, les époux dont l'union reste inféconde ne peuvent se donner par testament, qu'un dixième en propriété et un tiers en usufruit. Eh bien, la situation s'améliore pour eux dans de notables proportions, s'ils ont des enfants d'un mariage antérieur. Chacun, dès lors, peut recevoir de l'autre, outre le dixième régulier, autant d'autres dixièmes qu'il lui reste d'enfants, sans compter le tiers en usufruit susceptible de se transformer lui-même en pleine propriété (Ulpien, XV). Ces règles compliquées survécurent aux lois caducaires qui leur avaient donné naissance et ne furent abolies que par Honorius et Théodose (L. 2, C. Th., VIII. 17).

Le second mariage de l'individu qui n'a pas d'enfants, lui évite les peines du célibat, mais, en le supposant stérile, il ne lui épargne pas celles de l'*orbitas*. Il en est autrement pour le *pater solita-*

rius, ou veuf avec enfants. Son second mariage, fécond ou non, a toujours pour effet, en le relevant de son incapacité, de lui acquérir le *jus patrum.* La femme, en des circonstances pareilles, sans pouvoir prétendre à ce privilége dont son sexe n'est pas susceptible, rentre du moins dans le droit commun. Certains auteurs pensent cependant que la femme n'est libérée des déchéances de l'*orbitas* que par le *jus liberorum* dont nous allons parler. C'est là une opinion exagérée et que les textes ne justifient pas.

On était arrivé à Rome, sous l'influence d'Auguste toujours soucieux de conjurer les dangers de la dépopulation, à n'accorder certains avantages qu'aux citoyens qui avaient donné à l'État un nombre d'enfants déterminé. Le droit à ces avantages constituait le *jus liberorum,* qu'il ne faut pas confondre avec le *jus patrum,* et appartenait en principe à toute personne ayant trois enfants à Rome, quatre en Italie, cinq dans les provinces (Instit., I, 25, princ.) (1). Notre intention n'est pas d'énumérer les conséquences juridiques qu'entraînait pour chacun l'obtention de ce droit. Ce qu'il nous importe de constater, c'est qu'on n'exigeait pas de ceux qui voulaient s'en prévaloir, que leurs enfants fussent issus tous de la même union. Les frères et sœurs, soit consan-

---

(1) Il fallait dans certains cas spéciaux un nombre d'enfants plus considérable. Ainsi, on n'affranchissait des charges du décurionat que le père de seize enfants. (L. 5, § 2. D. L. 6.)

guins, soit utérins, comptaient à leurs parents
aussi bien que les germains. On pouvait aussi
faire figurer dans le nombre les enfants issus du
concubinat (Frag. Vat., 194) et même, en ce qui
touche les femmes, les *vulgo quæsiti*. La raison
en est que vis-à-vis d'elles on n'envisage pas les
enfants eux-mêmes, mais les enfantements, en
sorte que les jumeaux, en quelque nombre qu'ils
soient, ne leur sont jamais comptés que pour un,
puisqu'ils ne représentent qu'un seul accouchement.

Cette législation bizarre subit le sort des lois
caducaires et disparut sous Honorius et Théodose
(L. uniq. C., VIII, 59). Le *jus liberorum* se per-
pétua cependant en matière politique jusque
sous les derniers empereurs.

CHAPITRE III

SUITE DU SUJET PRÉCÉDENT. — LÉGISLATION DES EMPEREURS CHRÉTIENS

Nous n'avons rencontré, jusqu'ici, aucune réglementation qui manifestât, de la part du législateur, l'intention de protéger contre un second
mariage de leur auteur les enfants d'un premier
lit.

Avec les empereurs chrétiens, les choses changèrent. Effrayés du danger que courent les inté-

rêts d'un enfant placé en face d'un beau-père ou
d'une belle-mère, et redoutant pour lui des influences funestes, ils se préoccupèrent d'assurer
désormais ses droits, tant contre le conjoint de
son auteur, que contre ses frères et sœurs consanguins ou utérins. Tout n'est pas parfait dans leurs
innovations, mais une preuve solide de l'opportunité et de la valeur intrinsèque des règles qu'ils
portèrent en cette matière, c'est que notre ancien
droit les a consacrées et transmises au droit moderne qui, dans le Code civil, les a reproduites,
au moins partiellement. N'est-ce pas, en effet, une
vérité d'expérience, que l'amour des parents pour
leurs enfants subit quelquefois, à la suite d'une
union nouvelle, de graves altérations, et n'est-il
pas du devoir du législateur de porter secours à
toutes les faiblesses et de prévenir tous les abus?

La première loi, inspirée par les motifs que
nous venons d'indiquer, a été portée, d'après le
Code de Justinien, par les empereurs Gratien, Valentinien et Théodose, en 382. Elle ne s'occupe
que de la veuve et statue que celle-ci, quand elle
se remarie perd, au profit de ses enfants, la nue-
propriété de tout ce qu'elle a reçu de leur père :
donation des fiançailles, donation *propter nuptias*,
donation à cause de mort, libéralités testamentaires, legs, fidéicommis, enfin, tout ce qu'elle
tient de lui à un titre quelconque. Réduite dès
lors à l'usufruit de tous les biens, ci-dessus mentionnés, elle en garde l'administration, mais sans

pouvoir rien aliéner, sous peine de voir prélever, sur sa fortune personnelle, une somme égale à celle dont elle a disposé (L. 3, C., V, 9).

Chose bizarre, assurément! C'est contre la mère que sont édictées les dispositions précédentes, et cependant, elles peuvent être par son fait profondément troublées! La loi qui les contient donne, en effet, à cette même femme, dont elle vient de prononcer la déchéance, le pouvoir d'en régler elle-même les effets. Modifiant à son gré les droits que son convol vient de faire ouvrir, elle a la faculté d'en interdire la participation à ceux de ses enfants qu'elle juge bon d'écarter, et de rendre ainsi, soit à quelques-uns, soit à un seul d'entre eux, à son choix, le bénéfice créé pour tous par le législateur. Nous verrons, dans la suite, que ce pouvoir discrétionnaire, si illogique, fut renfermé dans de plus étroites limites et finit par être entièrement aboli.

Telle n'est pas, au reste, la seule règle qui gouverne les rapports de la mère remariée avec ses enfants du premier lit. Que l'un de ces derniers vienne à mourir et la situation de la mère se ressent, ici encore, de son second mariage. De tout ce qu'elle prend dans la succession de son enfant, soit *ab intestat*, soit comme héritière instituée, soit comme légataire, la loi ne lui laisse que l'usufruit, réservant la nue propriété aux frères et sœurs du défunt. Ce n'est que dans le cas où la mort enlève également ces derniers, sans qu'ils laissent d'héritiers, que la mère voit ses droits se dégager des restrictions qui les embarrassaient et devient pleine propriétaire des biens qui sont en sa possession.

La législation que nous venons d'analyser est sévère pour la mère et favorise les enfants, plutôt qu'elle ne les protége. C'est là un effet de la défaveur que nourrissent les empereurs chrétiens contre les seconds mariages. Nous verrons plus tard des modifications s'introduire en cette matière et l'équité s'y établir de plus en plus solidement.

Des explications antérieures il résulte que les enfants d'une femme qui se remarie, ont à revendiquer contre elle une sorte de patrimoine paternel. Mais, relativement aux biens personnels de leur mère, ils ont des droits aussi que rien ne les empêche de faire valoir concurremment avec leurs frères et sœurs utérins. En suivant rigoureusement cette idée, on arriverait à leur donner part dans les biens qu'a donnés à la femme son second mari, à moins pourtant que, par suite d'un troisième mariage, celle-ci ne soit obligée de les réserver exclusivement à ses enfants du second lit. Mais les principes de l'équité ne permettent pas d'admettre ces déductions de la logique, et puisque les enfants du premier lit ont droit en toutes circonstances, à recueillir seuls, dans l'héritage maternel, ce qui provient de leur père, il est juste que toujours aussi les enfants du second lit jouissent

du même privilége. C'est ce que décidèrent Honorius et Théodose en 422 (L. 4, C. V. 9). Cette
décision portée dans l'intérêt unique des enfants
du second mariage n'a plus de raison d'être quand
ce mariage reste stérile. Aussi,, dans cette hypothèse, et à supposer même que le deuxième mari
ait des enfants d'une précédente épouse, les
libéralités qu'il a faites à sa seconde femme restent
propres à celle-ci, et se partagent également entre
tous ses enfants, issus d'un autre homme que le
donateur. Pour donner en deux mots le résumé
de ces explications qui paraissent d'abord quelque
peu compliquées, nous dirons que les enfants
d'une femme plusieurs fois remariée prennent
chacun dans la succession maternelle ce qui
provient de leurs pères respectifs (1) et concourent
ensuite tous ensemble au partage de la fortune
personnelle de leur mère.

Le système que nous venons d'exposer était in-
complet, et, pour ainsi dire, boiteux, puisque, ne
s'occupant que de la mère, il laissait le père libre,
en se remariant, de porter préjudice à ses enfants.
Constantin, en 334, avait bien porté une loi aux
termes de laquelle le père qui se remariait perdait
l'usufruit des biens que son fils avait recueillis
dans la succession maternelle (L. 3, C. Th. VIII,

(1) La loi que nous commentons ne parle que des *Sponsalitia* four-
nies par le second mari. Nous croyons devoir étendre ce mot à toute
espèce de *liberalités*. Autrement, les enfants du premier lit seraient pri-
vilégiés au détriment des autres.

18). Mais cette déchéance était plus apparente que réelle, puisqu'il recouvrait à titre de tuteur une partie des droits dont on le privait comme usufruitier (*ibid.*). Cette lacune de la législation fut comblée en 444 par Théodose et Valentinien, qui, assimilant l'homme à la femme, les soumirent tous deux aux mêmes déchéances. *Contra binubos pœnæ communes viri sunt et mulieris.* Telle est désormais la règle formulée dans les termes que Justinien doit employer plus tard pour la confirmer (Nov. 2, cap. 2). En conséquence tous les biens que le mari tient de sa femme, il en perd la nue propriété au profit de ses enfants, ou de celui d'entre eux qu'il choisit pour les recueillir. La dot, par la force des choses, ne peut passer aux enfants que dans le cas où le mari est autorisé à la garder, après la mort de sa femme. Mais quand il en est ainsi, les biens, quels qu'ils soient, dont elle se compose, doivent leur parvenir, fût-ce le mari lui-même qui les ait fournis comme donation anténuptiale et reçus ensuite, de sa femme, suivant l'usage, à titre de dot. Que si cette dot a été restituée pendant le mariage, hors du petit nombre de cas où la restitution est autorisée (Lois 73, 85, D., XXIII, 3. — L. 20, D., XXIV, 3. — L. 29, C. V, 12), un pareil acte constitue une donation illicite sur laquelle le mari a le droit et le devoir de revenir, en exigeant les intérêts du jour de la remise, afin de conserver le tout à ses enfants (Nov. 22, cap. 39). C'est au moment de sa mort que s'ouvrent les droits de ces derniers, qui, en cas d'aliénation, exercent leur revendication contre n'importe quel possesseur, et en cas de disparition contraignent les héritiers à restitution (L. 5, princ. C. V. 9). Leurs prétentions, dans ce dernier cas, peuvent se heurter à celles des enfants du second lit, luttant pour la dot de leur mère ; mais ils obtiennent sur eux la préférence, puisque leurs droits sont antérieurs, si ce n'est pourtant sur les biens dotaux de la seconde femme retrouvés eux-mêmes en nature et susceptibles de revendication (Nov. 91, cap. 1).

La faculté que nous venons de reconnaître aux enfants de s'approprier dans l'hérédité de leur auteur remarié, ce qui provient de l'autre, ne leur fut tout d'abord attribuée qu'autant qu'ils venaient à la succession de ce dernier. Plus tard, cette condition, pourtant bien naturelle, est supprimée. Il leur suffit, pour justifier le prélèvement qu'ils font dans la succession du dernier mourant, d'accepter celle-ci seulement (L. 5, C. V, 9). Justinien, ainsi que nous le verrons, doit aller plus loin encore.

Depuis l'assimilation qu'avaient faite Théodose et Valentinien de l'homme et de la femme, en leur infligeant la même déchéance, la condition du premier eût été moins bonne que celle de la seconde, si on avait laissé subsister la loi de Constantin qui le privait de l'usufruit des biens maternels échus à ses enfants par voie de succession. Aussi Léon l'abolit-il en 468 (L. 4, C. VI, 40). Dès lors, on pourrait croire identiques les situations respectives du veuf et de la veuve remariés. Il n'en est rien pourtant. Qu'on se rappelle les restrictions que subissent les droits de cette dernière quand elle se présente à la succession de son enfant. Nous avons vu qu'on ne lui en concédait que l'usufruit. A la période où nous sommes arrivés, on se montre envers elle plus libéral, ou, s'il faut le dire, plus juste, et les règles anciennes ne s'appliquent qu'à la portion de l'héritage qui provient du père. Quant au reste, elle en obtient la pleine propriété (L. 5, C. VI, 56). Ainsi la déchéance, pour être moins grave que jadis, subsiste toujours, tandis que les textes ne la mentionnent jamais, s'il s'agit du père. (Nov. 2, cap. 4). De plus, la femme qui se remarie perd, par ce fait seul, la faculté de faire révoquer pour ingratitude les donations précédemment faites à ses enfants (L. 7, C. VIII, 56). On craint que l'influence du second mari, plus encore que la conduite de ses enfants, ne la pousse à cette mesure extrême qui n'est désormais plus admise qu'exceptionnellement en cas d'attentat à la vie ou de machinations contre la fortune (Nov. 22, cap. 35). Nulle réglementation de ce genre n'est faite à l'égard du père qui, présumé plus fort contre les influences étrangères, reste libre d'user toujours du droit commun.

Enfin, tandis que le convol enlevait à la mère

ses fonctions de tutrice, elle laissait intactes celles du père. Ce n'était pas tout que d'assurer les droits des enfants contre leurs nouveaux frères ou sœurs; il fallait encore et surtout, pour que la protection fût complète, les défendre contre le nouvel époux de leur auteur. Telle fut l'œuvre de Léon et Anthémius dont la législation pleine de sagesse et de prudence a reçu l'approbation des siècles et se trouve consacrée dans le Code français (L. 6, C. V, 9).

Afin de conjurer le danger que nous avons signalé et de conserver entre l'affection paternelle ou maternelle et l'amour conjugal un équilibre exact, ils décidèrent que, désormais, l'homme ou la femme remariés ne pourraient, soit par testament, à titre de succession, legs, codicile, fidéicommis, soit entre-vifs, à titre de donation ou de dot, enfin, de quelque manière que ce soit, donner à son second conjoint plus qu'il ne laisse à chacun de ses enfants, et si ceux-ci recueillent des portions inégales, plus qu'il ne laisse à celui qui reçoit le moins. Cette règle, étendue aux rapports des grands-parents avec leurs petits-enfants, mérite d'attirer spécialement notre attention.

C'est une part d'enfant le moins prenant qui constitue le maximum de ce que peut recevoir un second époux. Si cette quotité est dépassée, l'excédant est tenu pour nul, soit que la fraude se soit accomplie ouvertement, soit qu'on l'ait déguisée au moyen d'une interposition de personnes ou autrement, et les enfants se le partagent.

Ces enfants, il importe de le remarquer, ce sont ceux du premier lit, exclusivement aux autres qui, ainsi écartés par Léon, devaient être plus tard appelés concurremment avec leurs frères et sœurs (L. 9, C. V, 9) pour être enfin définitivement évincés (Nov. 22, cap. 27).

A quel moment faut-il se placer pour apprécier le caractère de la libéralité faite au second époux ? La constitution de Léon est muette sur ce point ; mais Justinien déclare dans la suite que l'époque à considérer est celle de la mort du donateur et non celle de la donation (Nov. 22, cap. 28). Rien n'est plus naturel puisque cette appréciation ne peut se faire que par comparaison avec les parts héréditaires des enfants que peut seule déterminer la mort de leur auteur. Quoi qu'il en soit, les enfants qui doivent profiter de la réduction y ont un droit acquis, et, pour conserver à ce point de vue leur situation intacte, défense est faite aux deux époux de consentir pendant le mariage une diminution de la donation, *ne aliquid adversus filios prioris matrimonii machinari videatur* (L. 19, C. V., 3). Ce procédé leur permettrait de disposer de l'excédant au détriment des ayants droit et c'est là ce que le législateur n'a pas voulu (Nov. 22, cap. 31).

Revenons à la constitution léonienne, et notons en passant les prescriptions qu'elle renferme, relatives à l'usufruit de la mère sur les biens dont un second mariage lui fait perdre la nue-propriété.

S'agit-il d'immeubles ou d'esclaves, elle les garde sans pouvoir les aliéner. S'agit-il de meubles, on les fait estimer par des arbitres assermentés et choisis par les parties. Puis la mère les garde en donnant caution de les restituer, eux ou leur valeur, à ses enfants ou aux enfants de ses enfants. Si elle ne veut ou ne peut donner caution, les enfants s'en emparent, et ce sont eux alors qui doivent fournir caution à leur mère de les lui rendre, s'ils meurent avant elle sans enfants, et en tout cas, de lui payer les intérêts déterminés par la loi. Dans l'hypothèse où les deux parties refusent la caution, c'est la mère qui entre en possession. Au surplus, le détenteur des meubles, quel qu'il soit, a sur eux un droit absolu de disposition, et peut les vendre, les donner en *mutuum* ou en gage, les consommer, enfin s'en servir à sa guise. Comme la restitution en est garantie sous caution, l'autre partie ne peut jamais en souffrir. Les enfants ont même encore, pour se protéger, une hypothèque qui pèse sur toute la fortune de leur mère et plus spécialement sur ces biens qu'elle leur permet de revendiquer.

Terminons en faisant remarquer que chaque enfant mourant avant son auteur remarié transmet ses droits à ses propres descendants, à l'exclusion de ses frères et sœurs. Il peut même, suivant l'étrange coutume déjà constatée, désigner l'un quelconque d'entre eux et le mettre en son lieu et place, à l'exclusion des autres (Lois 7, 8, C., V, 9).

CHAPITRE IV

SUITE DU SUJET PRÉCÉDENT. — RÉFORMES
• JUSTINIENNES

La législation que nous venons d'exposer subsista intacte jusqu'à l'avénement de Justinien, et telle elle demeura encore sous ce prince, au moins dans ses traits généraux. Il est cependant nombre de détails qui ont été retouchés par lui, dans la longue suite de ses innovations législatives. Ce sont ces détails que nous devons relever pour compléter l'exposé que nous avons entrepris. Comme ils sont, en somme, faciles à comprendre, point ne sera besoin d'y insister.

Avant tout, il faut signaler la disparition de l'anomalie que nous avons plusieurs fois critiquée et qui consistait dans la faculté attribuée au parent remarié de choisir à son gré celui de ses enfants qui devait recueillir seul les biens dont il perdait la nue-propriété. Une première réforme fut opérée à l'égard de la donation *propter nuptias*, qui dut toujours désormais se partager également entre tous les enfants auxquels, pour employer le langage de la loi, le convol de leur mère a fait une égale injure (Nov. 2, cap. 1). Cette réforme fut suivie d'une autre qui la compléta et à la suite de laquelle le *jus electionis* disparut complétement, tant à l'égard du père que vis-à-vis de la mère, quels que fussent les biens dont il s'agit (Nov. 22, cap. 25).

Les anciennes lois permettaient à la femme, comme nous l'avons vu, d'exiger la donation *propter nuptias* dont son mariage lui faisait perdre la nue-propriété, à la condition de donner caution à ses enfants, ou bien, si elle le préférait, de la leur abandonner, en exigeant d'eux les intérêts légaux. Ceux-ci pouvaient alors, dans le premier cas, se trouver embarrassés et obligés de vendre pour réaliser l'argent nécessaire à la liquidation de la donation. Afin d'obvier à cet inconvénient, Justinien restreint le droit de la mère, au moins quand sa réclamation porte sur des meubles ou valeurs mobilières. Elle ne peut plus exiger un capital que les enfants auraient peut-être grand peine à réaliser, ni des meubles qui, peut-être aussi, leur font défaut. Elle doit donc se contenter des intérêts dont le service est garanti par une caution et ne réclamer l'argent ou les meubles qu'autant que les enfants ont la possibilité de la satisfaire (Nov. 2, cap. 4. — Nov. 22, cap. 45).

La succession de son enfant n'est laissée à la femme binube qu'à titre d'usufruit, si ce n'es pourtant, depuis une réforme de Théodose et Valentinien, la partie de cet héritage qui ne vient pas du père et qu'on lui abandonne en pleine propriété. Justinien s'avance plus encore dans la même voie, et, supprimant toutes les restrictions, il rétablit complétement, en faveur de la mère remariée, les règles ordinaires. Ce n'est pas, semble-t-il, sans une sorte de regret que l'empereur rend cette décision. Il ne peut s'empêcher de trouver excellente, louable et digne d'être citée en exemple, la conduite de la veuve qui garde la foi jurée et n'abandonne pas sa couche nuptiale aux souillures d'un second époux. Il proteste de son admiration pour une pareille femme, il la comble d'éloges et la prise presque à l'égal d'une vierge (1). Mais des considérations graves le décident. Après tout, si la femme, jeune encore, ne peut résister aux désirs qui la brûlent, *nec possit contra fervorem naturæ resistere*, pourquoi lui en faire un crime, et la punir de ce qu'on ne reproche pas aux hommes? Voilà les raisons qui le poussent et lui font porter cette loi qu'il qualifie de clémente et douce, *clemens et mitis*. Une conséquence de cette innovation serait de faire rentrer la mère en possession définitive de la partie de la donation anténuptiale recueillie jadis par l'enfant auquel elle succède aujourd'hui. Mais cette conséquence est rejetée. La donation n'est pas réputée faire partie de la succession de l'enfant; c'est pour lui un bénéfice particulier (Nov. 2, cap. 3. — Nov. 22, cap. 47).

Ces règles ne demeurèrent pas longtemps in-

(1) Optimum itaque est et laudabile et dignum oratione ut mulieres ita se honeste tractent quatenus quæ semel ad virum venerunt, servent inviolatum morientium torum. Et hujusmodi mulierem et miramur pariter et laudamus et non procul a virginitate ponimus.

tactes et leur auteur lui-même crut bon de les modifier. En cas de succession testamentaire, rien n'est changé, et la mère garde en pleine propriété ce que lui a donné son fils, sans réclamation possible de la part des autres enfants. En l'absence de testament au contraire, il faut revenir à la distinction de Théodose et Valentinien. La mère est propriétaire, parmi les biens qu'elle recueille, de ceux qui ne viennent pas du père, et se voit de nouveau réduite au simple usufruit de ceux qui en viennent (Nov. 22, cap. 46). Réserve est faite, bien entendu, des lois contre l'ingratitude qu'on applique même entre frères et sœurs et en vertu desquelles la part de l'enfant ingrat se partage entre les autres et la mère (Nov. 22, cap. 47).

Toutes les mesures prises jusqu'à présent pour protéger les enfants, n'avaient visé que le second mariage d'un veuf ou d'une veuve. La logique demandait qu'on les étendît au convol après divorce et c'est ce que fit Justinien. La situation des enfants se trouve désormais identique dans les deux cas, sans qu'il y ait lieu de rechercher, en cas de répudiation, les causes de cette répudiation (L. 9, § 1, C., V, 9. — Nov. 98, cap. 2. — Nov. 22, cap. 30).

Une autre lacune du même genre fut comblée en même temps. Quand la mère avait en sa possession les biens provenant de son mari, dont la loi lui conservait l'usufruit, leur bonne administration était garantie aux enfants par une hy-

pothèque générale. Le père, au contraire, admi-
nistrait librement les biens provenant de sa
femme, sans avoir à fournir caution, ni hypothèque. Ici, encore, eut lieu une réforme, que tout
réclamait, et le père, assimilé à la mère, vit désormais ses biens hypothéqués. On ne l'assujétit
pas à la caution ; mais la garantie, pour être
moins complète, était réelle cependant, et il faut
féliciter l'empereur de son innovation (L. 8,
C., V, 9).

De la même préoccupation, favorable aux enfants, naquit une autre disposition, peut-être un
peu exagérée. Nous savons que les enfants, sans
accepter la succession de celui de leurs auteurs qui
décédait le premier, pouvaient néanmoins recueillir les gains nuptiaux provenant de lui, dans l'hérédité du dernier mourant. Ce privilége fut poussé
à sa limite extrême et on les admit à s'approprier
les biens dont nous parlons, sans se porter héritiers de l'un ni de l'autre. Ils sont cependant regardés comme tels, en ce qui concerne l'application des lois sur l'ingratitude. C'était bien le moins
qu'on n'exagérât pas la faveur au point de violer
la justice (Nov. 22, cap. 26, § I).

Ces lois sur l'ingratitude, bien que toujours en
vigueur, avaient été gravement atteintes et même,
pour ainsi dire, paralysées par la grande constitution de Léon : *Hâc edictali.* Profitant de la nécessité où se trouvait leur auteur de ne pas donner
à son deuxième conjoint plus qu'à l'un quelconque

de ses enfants, ces derniers pouvaient impunément tenir, à son égard, une conduite irrespectueuse, dans la persuasion, presque toujours justifiée, qu'il ne voudrait pas, en les écartant de sa succession comme ingrats, se lier à lui-même les mains vis-à-vis de son époux. Que serait-il arrivé, en effet? Les enfants, déclarés indignes, ne recevaient rien, mais l'époux, incapable de recevoir plus que le moins prenant d'entre eux, se voyait puni comme eux et privé de toute libéralité conjugale. Justinien remédie à cet inconvénient. L'ingratitude prononcée contre les enfants, ne put désormais plus rejaillir sur le second époux, à qui les donations de son conjoint restèrent néanmoins accessibles, dans les limites tracées par la loi. Cette disposition, juste en elle-même, aurait eu pourtant le désavantage, si elle était restée isolée, de ne fermer la porte à un abus que pour l'ouvrir à un autre toute grande. Le père ou la mère remariés, n'étant plus retenus par la crainte d'entraîner leur époux dans la déchéance de leurs enfants, auraient pu, sous l'influence de l'un, provoquer, sans motifs légitimes, l'exhérédation des autres. Mais ce danger, trop apparent, pour échapper à l'attention du législateur, fut écarté par lui. L'exhérédation des enfants ne se prononça plus qu'après enquête minutieuse et sur des preuves convaincantes. Ainsi établie, la loi était parfaite et rien ne doit nous empêcher de l'approuver en tous points (L. 10, C. V, 9).

Une disposition que nous ne pouvons omettre, parce qu'elle procède d'une inspiration favorable aux seconds mariages, qui ne se rencontre que rarement chez Justinien, c'est celle relative aux droits que perd la femme en se remariant. Appliquée au cas où le premier mari n'avait donné à sa femme qu'un usufruit, la règle ordinaire conduisait à la disparition de ce droit au profit des enfants (L. 1, C. V. 10). Justinien, en cette circonstance, émet une loi contraire et décide que cet usufruit ne sera perdu pour la femme convolante, que si telle est l'intention formellement exprimée du premier mari. La décision est évidemment la même si c'est la femme qui a donné un usufruit à son mari (Nov. 22, cap. 32).

Rien n'est innové pour le reste et notamment l'usufruit de la dot ou de la donation *propter nuptias*, reste toujours à l'époux remarié, sans que la volonté contraire du constituant ou du donateur puisse avoir aucun effet légal (Nov. 22, cap. 33).

CHAPITRE V

DROITS DE L'EPOUX SURVIVANT NON REMARIE

Pactum orbitalis.

Il ne sera pas inutile, en terminant cette énumération des réformes justiniennes, de donner un aperçu des différentes phases par lesquelles a passé la législation relative aux droits de l'époux survivant, quand il ne contracte pas un second mariage. Nous savons que, dans la période du Bas-Empire, ces époux fidèles sont vus d'un œil favorable par les empereurs. Aussi furent-ils, en plus d'une circonstance, mieux traités que les autres. Une constitution de l'empereur Alexandre nous montre que la mère non remariée devait être, de préférence à toute autre personne, choisie par le tuteur pour veiller à l'éducation de ses enfants (L. I, C. V, 49), et Justinien confirme cet état de choses (Nov. 22, cap. 38). De même, les père et mère non remariés, quand on les charge envers leurs enfants d'un legs à terme ou sous condition, ne sont pas tenus de fournir la caution exigée par le droit commun. Il faut, pour les y contraindre, une disposition spéciale du testateur. Au contraire, ils y sont obligés de plein droit, une fois remariés (L. 6, C. VI, 49. — Nov. 22, cap. 41).

Enfin, l'époux non remarié, qu'il ait ou non des enfants, conserve la propriété pleine et entière des biens qu'il a reçus de son conjoint, et peut en disposer librement, soit entre-vifs, soit par testament. On admet cependant que, s'ils restent dans son patrimoine, les enfants ont le droit d'y prétendre et de les recueillir (L. 5, § 2, C. V, 9), sans même être obligés, suivant la règle, de se porter héritiers (L. 6, § 3. — L. 8, § 2, C. V, 9). Cette faculté cesse néanmoins d'une manière absolue lorsque l'un des enfants acquiert *ab intestat* l'hérédité du parent commun. Il exclut ainsi ceux qui ne participent pas à la succession (L. 8, § 3, *ibid.*).

L'admissibilité de la revendication suppose, avons-nous dit, que les biens qui en sont l'objet, existent encore dans le patrimoine du dernier mourant des deux époux. Aucun doute ne peut naître sur les aliénations qu'il en a faites entre-vifs, et qui sont certainement opposables aux enfants. Mais il n'en est pas de même des dispositions testamentaires à propos desquelles ont prévalu successivement deux solutions opposées. Une institution générale d'héritier est-elle suffisante pour entraîner aliénation de tous les biens particuliers qui composent la succession et écarter les prétentions des enfants? Telle est la question. Justinien, dans le Code, y répond affirmativement (L. 8, § 2, *ibid.*). Mais plus tard, il change de sentiment dans les Novelles et donne une réponse négative, prétendant qu'un père, lorsqu'il n'a pas aliéné pendant sa vie les biens provenant de son conjoint, a voulu les réserver à ses enfants, et qu'une intention contraire ne peut lui être prêtée sans qu'on l'appuie d'une disposition formelle de son testament (Nov. 22, cap. 20). Nous n'hésitons pas à repousser, comme anti-juridique, cette dernière solution. L'aliénation résulte de tout acte translatif de propriété. *Est autem alienatio omnis actus per quem dominium transfertur* (L. 1, C. V, 23). Ne rencontrons-nous pas ce caractère dans une institution à titre universel? Et si cette institution ne suffit pas pour constituer l'aliénation de certains biens, pourquoi suffit-elle relativement aux autres? Il faut voir là une faveur et rien de plus.

On peut en dire autant de l'innovation suivante. Toujours préoccupé des enfants, et croyant qu'après tout ceux-ci avaient des droits sur la fortune de leur auteur décédé, quelle que fût, du reste, la conduite de l'autre, Justinien assimila l'époux qui restait veuf à celui qui se remariait, les réduisant l'un et l'autre, quand ils avaient des enfants, à l'usufruit de tout ce que leur avait donné leur conjoint (Nov. 98, cap. 1). Cet époux devient dès lors simple usufruitier de ses gains nuptiaux, incapable de les aliéner (1), et soumis comme administrateur du bien d'autrui, à l'hypothèque, ou même, si c'est une femme, à la caution. Plus tard, cependant, l'empereur, revenant en partie sur ce qu'il avait fait, décida que l'époux non remarié, garderait désormais de ses gains nuptiaux outre l'usufruit total, une part d'enfant en pleine propriété (Nov. 127, cap. 3).

Ce système nouveau est un résultat digne d'être signalé, en ce qu'il multiplia dans la pratique l'usage d'une convention que les textes appellent indifféremment *pactum orbitalis*, ou *pactum*

---

(1) Les enfants ou leurs héritiers peuvent revendiquer sans avoir à craindre autre chose qu'une prescription triennale (Nov. 22, cap. 24).

inexistentium liberorum, et sur laquelle quelques explications ne seront pas superflues. Elle fut, paraît-il, inventée par Justinien qui s'en attribue lui-même la paternité (Nov. 2, cap. 2). Voici du reste en quoi elle consistait. Les époux, en contractant mariage stipulent qu'ils garderont, au cas de mort sans enfants, le mari, tout ou partie de la dot, la femme, tout ou partie de la donation anténuptiale. L'effet de ce pacte est facile à prévoir. S'il n'y a pas d'enfants ou que tous viennent à mourir, sans laisser de descendants, après le convol de leur auteur, celui-ci bénéficie de la part de ses gains nuptiaux qu'il s'est réservée par la stipulation et n'est plus obligé de la transmettre aux héritiers du défunt (Nov. 22, cap. 26). Deux conditions, ainsi qu'on le voit, sont nécessaires pour l'efficacité du pacte. La première, c'est que le mourant ne laisse pas de descendants ; car ceux-ci, mis au lieu et place de leurs ascendants, les représentent complétement pour l'obtention des gains nuptiaux et ne peuvent pas plus qu'eux être écartés en aucun cas (Lois 7, 8, C. V, 9). La seconde condition, c'est que la mort de l'enfant suive le convol de son auteur. Pourquoi? C'est que, si elle précède, le pacte ne sert plus à rien. D'une part, il est impuissant contre les descendants du mort dans la personne desquels naîtra, en dépit de lui, au jour du convol, le droit aux gains nuptiaux ; d'autre part, s'il n'y a pas de descendants, il est superflu à l'encontre des autres héritiers auxquels le défunt n'a pu transmettre un droit encore inexistant au jour de son décès. Tel était le pacte, et telle, son utilité. Dans le dernier état de la législation justinienne, le droit aux gains nuptiaux s'ouvre pour les enfants non pas au jour de la célébration du second mariage, mais au jour de la dissolution du premier, et, dès ce jour aussi, devient transmissible à leurs héritiers quels qu'ils soient. Dès lors, les parents ont plus que jamais besoin de se mettre en garde contre ces héritiers, et devenu utile en toutes circonstances, il n'est pas douteux que le *pactum orbitalis* n'ait trouvé place beaucoup plus fréquemment dans les conventions matrimoniales.

De ce qui précède, on peut logiquement inférer que la convention dont nous venons d'exposer le mécanisme, exerça sur l'aliénation des gains nuptiaux une influence capitale. Plaçons-nous dans la période où l'époux survivant conserve pendant son veuvage le droit de disposition absolue de ces biens. C'est une veuve, par exemple, qui aliène le bien que lui avait donné son mari. Elle se remarie ensuite, que devient cette aliénation ? Elle est incontestablement nulle, s'il n'y a pas de *pactum orbitalis*, car dès ce moment naît au profit des enfants un droit de revendication transmissible à leurs héritiers, quels qu'ils soient (1). Mais avec

(1) Voici cependant une espèce dans laquelle, sans le secours du pacte, l'aliénation resterait valable. Il faut supposer que les enfants mourant sans descendants ne laissent pour seule héritière que leur mère elle-même.

un pacte, c'est autre chose. La solution précédente ne reste vraie qu'en supposant tous les enfants ou l'un deux au moins survivant à la mère. Dans l'hypothèse contraire, c'est-à-dire, s'ils prédécèdent tous, sans descendants, les autres héritiers sont, de par l'autorité du pacte, empêchés de revendiquer, soit pour le tout, soit pour partie seulement, suivant la teneur de la stipulation (Nov. 2, cap. 2).

Justinien, qui avait créé le *pactum orbitatis*, en augmenta encore l'importance, en simplifiant les conditions de son efficacité. Depuis son innovation, il ne fut plus indispensable, pour qu'on pût en exciper, que tous les enfants fussent morts. Le décès d'un seul suffisait, non pas pour lui faire sortir son plein effet, mais pour lui permettre d'agir dans une mesure déterminée, proportionnellement au nombre des enfants qui disparaissent (Nov. 22, cap. 26. L. 11, C. V, 9). Que la mère, par exemple, pour raisonner toujours dans l'espèce précédente, se soit réservé par pacte le quart de la donation anténuptiale. Si elle a trois enfants et que deux prédécèdent, elle prendra les deux tiers de ce quart, ou un sixième du tout ; si elle en a cinq et que trois meurent, elle aura droit aux trois cinquièmes de son quart, c'est-à-dire à trois vingtièmes. En résumé, la mort de chacun de ses enfants lui donne droit dans la part que réserve le pacte à une fraction ayant « un » pour numérateur, et, pour dénominateur, le chiffre qui exprime le nombre total de ses enfants, de telle sorte qu'au moment de son propre décès la valeur de ce qu'elle a gagné est représentée, relativement à la réserve du pacte, par une fraction dont le numérateur est le nombre des enfants morts avant elle et dont le dénominateur est ce même nombre augmenté de celui des survivants, c'est-à-dire le nombre total de ses enfants.

Dans la période suivante, cette influence du *pactum orbitalis* se restreignit par la force des choses aux rapports des parents et des héritiers de leurs enfants, puisque, dans toute circonstance, l'époux survivant, réduit à l'usufruit de ses gains nuptiaux, se voyait privé du droit d'aliénation. Cependant, même à ce moment, son effet eut encore l'occasion de se produire vis-à-vis des tiers pour valider rétroactivement des aliénations frauduleuses. Décider le contraire, ce serait imposer au juge l'obligation de prononcer une nullité sur la demande de celui à qui elle est imputable, et nous ne croyons pas être ici dans une de ces situations où l'ordre public a de telles exigences.

Nous ne saurions mieux terminer cet exposé des réformes justiniennes qu'en citant le conseil que donne l'empereur aux époux binubes de conserver toujours pour leurs enfants du premier lit la même affection, et de ne pas les réduire en faveur des autres à leur stricte portion légale; mais d'imiter l'exemple du législateur qui donne à tous, en face de la succession de l'auteur commun, des droits égaux (Nov. 22, cap. 48).

CHAPITRE VI

SECOND MARIAGE DE DEUX ANCIENS ÉPOUX DIVORCÉS

Il est une situation que nous n'avons pas eu l'occasion d'envisager jusqu'à présent et sur laquelle il nous semble bon, avant d'achever cette étude, de fixer quelque temps notre attention. C'est d'un second mariage qu'il s'agit, mais d'un second mariage présentant ce caractère particulier, que, au lieu de former de nouveaux liens, il ne fait que renouer une ancienne union précédemment dissoute. En d'autres termes, nous voulons parler du mariage que contractent entre eux, pour la seconde fois, deux anciens époux divorcés. Quelques questions toutes spéciales peuvent naître à cette occasion, et il importe de les étudier ici.

Supposons qu'au moment du second mariage la femme n'a pas encore réclamé la dot qu'elle avait apportée à son mari, lors du premier. En pareille occurrence, cette dot est légalement présumée celle du second mariage, et seule une convention expresse peut en décider autrement (LL. 30. 40. D. XXIII, 3). En conséquence, l'instance de la femme relativement à sa dot tombe par le fait même du convol (L. 19. D. XXIV. 3), et ses réclamations ultérieures sont repoussées par une exception de dol qui n'est même nécessaire que pour paralyser l'effet d'une action *ex stipulatu*, puisque le juge a toute latitude pour repousser spontanément et sans y être provoqué par le défendeur l'action *rei uxoriæ* qui est de bonne foi (L. 13. D. XXIII. 3).

Cette solution n'est plus vraie lorsque la dot doit être rendue, non pas à la femme ou à son père (1), mais à un tiers. Ce dernier a, dès le jour de la dissolution du premier mariage, un droit acquis à la restitution, droit que la femme ne peut lui ravir par un convol intéressé. Ajoutons que ce tiers doit être un constituant sérieux. Si la dot avait été réellement fournie par la femme et qu'il n'eût stipulé, lui, que sur son ordre ou avec sa permission, nous retomberions dans la règle générale (LL. 63, 72, § 2, *ibid.*). De quoi se plaindrait le tiers? Qu'on l'envisage comme mandataire ou comme donataire à cause de mort, son droit est révocable dans les deux cas.

Cette reconstitution tacite de la dot paraît si naturelle au législateur qu'il la présume, alors même que la femme a passé par un second mariage avant de revenir par un troisième à son premier mari, en supposant toujours qu'une tierce

(1) Nous avons vu qu'il était tenu, au moins sous Justinien, de donner à sa fille convolante la même dot que la première fois (Nov. 97, cap. 5).

personne ne vienne pas s'interposer, par exemple,
un créancier auquel, lors du divorce, le mari se
serait laissé déléguer (L. 64, *ibid.*).

En résumé, et à moins d'empêchement légal, la
dot ancienne est toujours reconstituée par et pour
le second mariage. Mais est-ce à dire que les autres conventions matrimoniales revivent toutes
en même temps ? En aucune façon. Ces conventions sont l'accessoire d'une constitution dotale
aujourd'hui tombée. La loi relève cette dernière,
mais elle la relève seule. C'est aux parties, si elles
y tiennent, à prendre soin des autres (Frag.
Vat., § 107). Il est un cependant de ces pactes accessoires qui, par la force des choses, reste debout ;
c'est celui par lequel la femme a stipulé la restitution de sa dot avec intérêts du jour du divorce.
Sans doute, elle ne peut pas réclamer la dot ;
sans doute aussi, les intérêts cessent de courir depuis le moment de la seconde union ; mais ceux
qui ont couru dans le temps intermédiaire, entre
le divorce et le nouveau mariage, ceux-là sont dus
par le mari, et, si la femme n'a pas le droit de les
exiger immédiatement, du moins faut-il lui reconnaître celui de les réclamer dans la suite en
même temps que le capital qui les a produits
(L. 69, § 2, *ibid.*).

Telles sont les questions spéciales que nous
avons extraites des textes épars dans le titre qui
figure au Digeste, sous la rubrique : « *De jure
dotium* ».

A l'occasion de ces questions particulières, une autre se pose naturellement, beaucoup plus générale et plus importante. Faut-il, en principe, appliquer à ces unions les règles des seconds mariages? A défaut d'une solution certaine que les textes ne nous fournissent pas, nous croyons devoir répondre négativement. A ne consulter que la stricte logique, et, pour raisonner, comme disent les jurisconsultes, *in apicibus juris*, il est bien vrai que le second mariage est un fait juridique absolument nouveau, et qu'on pourrait très bien, malgré son caractère original, l'assimiler aux autres. Mais convient-il de le faire ? Là est la difficulté que nous pensons résoudre conformément à l'esprit de la loi, en soustrayant les époux remariés après divorce à la réglementation minutieuse des secondes noces. A quoi tendent, après tout, tant et de si délicates précautions? A la protection des enfants du premier lit contre le nouveau conjoint de leur auteur, d'une part, et, d'autre part, contre leurs futurs frères et sœurs qui ne puiseront pas la vie à la même source, et même, s'ils sont utérins, ne porteront pas le même nom. C'est bien là l'idée mère d'où sont sorties toutes les lois que nous avons analysées. Mais alors à quel titre nous les imposerait-on, ces lois tutélaires, dans l'hypothèse qui nous occupe ? Qui protégeraient-elles et contre qui ? Les enfants du père n'ont rien à redouter de la nouvelle femme; elle est leur mère. Ils n'ont rien à craindre des frères et sœurs qu'elle leur donnera. Le même sang coulera dans leurs veines. Au reste, faut-il les considérer comme enfants de l'époux et les défendre contre l'épouse, ou comme enfants de l'épouse et les défendre contre l'époux? Ces considérations nous paraissent décisives et nous affermissent dans l'opinion qui peut les invoquer pour elles. Aussi pensons-nons que le second mariage dont nous parlons ne doit pas être soumis aux règles qui forment le droit commun en cette matière, et qu'il ne faut pas traiter les époux, après leur réunion, autrement qu'ils l'étaient avant la séparation.

CHAPITRE VII

RÉFORMES POSTÉRIEURES A JUSTINIEN

Il ne nous reste plus, pour être complet, qu'à relater les rares dispositions législatives qu'ont portées sur les secondes noces, les empereurs du Bas-Empire, postérieurement à Justinien. Ces lois, celles du moins qui ont été recueillies dans le *Corpus juris*, sont au nombre de deux et émanent l'une, de Léon le Philosophe, l'autre, de Constantin Porphyrogénète. Elles ont toutes deux ce caractère commun, qu'elles sont inspirées par l'esprit religieux, et, à ce titre, se rattachent au droit canonique, plutôt qu'au droit civil proprement dit.

La première, peu importante, du reste, est relative aux troisièmes mariages. Justinien les avait interdits aux clercs (Nov. 6, cap. 5). Léon va plus loin et les interdit à tout le monde, ou, du moins, déclare civilement applicables à ceux qui les contractent les peines édictées contre eux par les canons de l'Eglise. Les motifs que met en avant l'empereur, pour justifier sa loi, sont des plus curieux. Croyant remarquer que nombre d'animaux, après la mort de leur « conjoint » s'abandonnent à un veuvage perpétuel, et refusent d'ensevelir dans une seconde union le souvenir de leur premier hymen, il s'indigne que les hommes, ces êtres sortis de la main divine et doués d'intelligence par leur créateur, se laissent vaincre en chasteté par de brutes. Sans doute la nature les pousse, mais la pudeur devrait les retenir (1).

La conséquence de ces belles considérations, c'est la décision que nous venons de rapporter et qui est tout juste aussi intelligente qu'elles (Nov. 90).

Avec la constitution de Constantin Porphyrogénète, nous pénétrons plus avant encore dans le

(1) Pour qu'on ne croie pas à l'altération ou à la paraphrase du texte, nous le reproduisons ici. Le lecteur y retrouvera toutes ces divagations écrites dans le style ampoulé dont notre traduction s'est efforcée de reproduire le caractère :

Oportebat nos, cum divina manu formati menteque ac ratione præditi simus, brutorum præstantiæ non cedere..... Oportebat homines cum in aliis, tum præcipue in castitate matrimoniali, a brutis non, vinci. Multa autem brutorum animantium genera, conjuge mortuo, perpetuam viduitatem amplectuntur, alterisque nuptiis priores velut congesta terra obgetere nolunt... Natura primo matrimonio contenta non est, sed nullo pudore tacta ad secundum etiam procedit.

droit canonique. A proprement parler, c'est
l'œuvre d'un évêque ou d'un pape, mais non d'un
empereur. Quelque intime que certains esprits
puissent désirer l'union de l'Eglise et de l'Etat,
nous ne pensons pas que personne veuille jamais
approuver le rôle que s'attribuaient alors les lé-
gislateurs civils du Bas-Empire. Voici, du reste,
sans autre commentaire, les dispositions que
nous devons indiquer :

Un quatrième mariage est une monstruosité,
dont il faut absolument s'abstenir. Le coupable
qui aurait enfreint cette prohibition se verrait exclure de toute association religieuse et refuser l'entrée des églises. La peine qu'on lui applique est
une véritable excommunication (1).

Quant aux troisièmes mariages, Constantin Porphyrogénète, comme Léon, les a en horreur. Ses
prédécesseurs pourtant les ont permis, tout en
recommandant à ceux qui les contractent, de ca-
cher leur situation, comme on dissimule les or-
dures dans un coin de sa maison (2). Mais, en dépit de ces sages recommandations, l'ordure, loin
de rester à l'écart, s'étale partout (3), et voilà
pourquoi il se décide à édicter de nouvelles règles :

A celui qui contracte un troisième mariage,

---

(1) .... esse omni ecclesiastica congregatione privatum, et ab ipso
in sanctum templum ingressu alienum, donec in conjugio permanse-
rit... ipsum ut a christiana republica alienum.

(2) ..... quemadmodum si quis, qui in domo in angulum incidit,
multas sæpe sordes viderit.

(3) ..... turpitudinem non in angulum conjectam, sed in ædibus diffusam.

ayant dépassé quarante ans, l'approche des sacrements est interdite pendant cinq années. Une fois
écoulé ce délai, que rien du reste ne peut abréger,
on lui permet d'y participer, mais à l'occasion
seulement de la fête de Pâques, après s'y être préparé par le jeûne et l'abstinence. Encore n'avons-
nous parlé, jusqu'ici, que de ceux qui n'ont pas
d'enfants de leurs unions antérieures. Ceux qui en
ont sont privés complétement de la faculté de
prendre un troisième conjoint, car il serait inique
de les voir sacrifier à la satisfaction de leurs ap-
pétits sensuels les intérêts de leurs descendants.

Au-dessous de quarante ans, les seconds mariages sont permis à ceux qui n'ont pas d'enfants,
sous la seule sanction des peines canoniques auxquelles faisait allusion Léon le Philosophe, dans la
constitution citée plus haut. Mais pour celui qui
a des enfants, c'est autre chose. Cet esclave de la
chair est puni de son intempérance (1) par l'exclusion des sacrements pendant quatre années en-
tières, après quoi il a le droit d'y prendre part,
en s'y préparant par le jeûne à Noël, à Pâques, et
à l'anniversaire de la mort de la Sainte-Vierge.

Enfin, nous arrivons aux seconds mariages qui
sont licites comme les premiers, mais à la condition pour les uns et les autres de n'avoir pas
été précédés d'un enlèvement ou d'un concubinage
clandestin. Sinon, les coupables subissent les pei-

(1) Quia manifestum est cum solâ intemperantiâ motum et quod sit
carnalis libidinis servus.

nes de la fornication, et sont à moins de danger de mort, tenus pendant sept ans à l'écart des sacrements. Le prêtre qui, de son propre mouvement, et sans respect pour la constitution présente, administre les sacrements à ceux qu'elle en prive, est puni, et son complice frappé d'une excommunication septennale.

Nous en avons fini avec les seconds mariages à Rome. En considérant cette matière avec attention, on se persuade facilement que la législation romaine, malgré les variations nombreuses qu'ont apportées en elle le changement des temps et les révolutions des institutions et des mœurs, s'est laissé guider sans cesse dans la réglementation d'un fait aussi délicat par des principes irréprochables. Respect de la femme et prohibition de la polygamie, tel est, pour n'en citer qu'un, le grand caractère de ces lois qui seul suffit à les recommander. Il est vrai que le divorce s'y maintint toujours ; mais cette institution, source de si déplorables abus, va se perfectionnant sans cesse, en sorte que l'on peut se demander, si, telle que l'on faite les empereurs du Bas-Empire, elle n'a pas, au point de vue purement civil, autant et plus d'avantages que d'inconvénients.

Les lois caducaires, elles aussi, sont blâmables ; mais du moins ont-elles l'excuse d'être le produit d'une inspiration saine. Le peuple qui les a méritées est, en tout cas, plus coupable que le prince qui les a édictées, et, suivant nous, il y a assez à reprendre chez Auguste sans qu'on lui reproche comme une faute coupable ce qui n'a été de sa part que la plus pardonnable des erreurs.

En ce qui touche la réglementation des effets des secondes noces on ne peut en donner qu'une appréciation favorable. Le principe qui domine cette matière s'impose à tout législateur au double point de vue de la morale et de l'économie politique bien entendue. Quant aux détails, ils ont varié suivant les temps et les mœurs ; mais ces variations se sont toujours effectuées, en droit romain, dans le sens de la justice et de la raison. Aussi le droit moderne n'a-t-il eu bien souvent qu'à recueillir, pour les consacrer à nouveau, ces précieuses traditions.

DROIT FRANÇAIS

LES SECONDS MARIAGES

CHAPITRE PRÉLIMINAIRE

L'étude que nous venons de faire sur les seconds mariages en droit romain nous a montré cette institution, dépourvue d'abord de toute réglementation légale, s'introduisant ensuite dans la législation d'Auguste avec un caractère impératif, et subordonnée enfin sous les empereurs chrétiens à des principes chaque jour meilleurs et plus équitables, jusqu'à l'époque où les princes du Bas-Empire, alliant sans discernement aux prescriptions civiles des règles purement religieuses, arrivent à consacrer dans leurs constitutions les exagérations ridicules que nous avons signalées en finissant.

Notre vieux droit français, si profondément imprégné de christianisme, et qui abandonnait en partie à la juridiction ecclésiastique les questions relatives au mariage, ne suivit pas cependant ces derniers errements. Satisfaits d'accorder la prédominance en cette matière aux principes généraux de la morale chrétienne, nos vieux auteurs se gardèrent toujours d'emprunter au droit canonique sa réglementation spéciale et ne confondirent jamais ce qui toujours doit être séparé.

Avec le Code, les choses changent. Le législateur, inspiré par la révolution, élève la prétention de secouer toute espèce de joug et de ne reconnaître d'autre direction que celle de la raison naturelle. Il serait puéril de s'en affliger outre mesure. La raison et la morale ne peuvent être en désaccord. Au reste, les règles des seconds mariages, telles qu'elles sont tracées par le Code, sont, en résumé, équitables de tous points.

Portalis a défini le mariage : « la société de l'homme et de la femme qui s'unissent pour perpétuer leur espèce, pour s'aider par des secours mutuels à porter le poids de la vie, et pour partager leur commune destinée. » Quelque appréciation qu'on porte de ces paroles, qui respirent une philosophie un peu triste et mélancolique, il n'en est pas moins vrai qu'elles s'appliquent au mariage des veufs et veuves comme à celui des célibataires, si ce n'est pourtant qu'à propos de ceux-là plus encore que de ceux-ci, il est bon de faire remarquer que la procréation, pour être le but principal du mariage, n'en est pas le but unique, encore moins le but essentiel.

Notre intention est de suivre ici le même plan que dans la dissertation précédente. Nous étudierons avec détail, mais nous les étudierons seules, les dispositions légales qui concernent exclusivement les secondes noces, laissant de côté celles qui s'appliquent au mariage en général. C'est ainsi que nous écartons les règles relatives, soit à la célébration, soit à la dissolution, qui sont les mêmes dans tous les cas, et choisissons pour premier objet de nos recherches celles qui se rapportent aux conditions particulières des seconds mariages.

PREMIÈRE PARTIE

CONDITIONS ET EMPÊCHEMENTS

Les conditions d'existence des seconds mariages ne sont pas différentes de celles des premiers. Différence de sexe, jouissance de la vie civile, consentement mutuel et célébration solennelle de l'union devant un officier public, telles sont pour les uns et pour les autres, les quatre éléments essentiels dont l'absence entraîne, non pas la nullité, mais le néant du mariage, l'empêche de se produire et fait de lui, suivant l'énergique expression de M. Demolombe, un acte mort-né.

Quant aux conditions de validité, ce n'est plus la même chose. Toutes celles des premiers mariages sont aussi celles des seconds; c'est là ce que

décidait un article, contenu dans le projet du Code,
et qu'on fit disparaître, comme inutile, dans la
rédaction difinitive (Locré, IV, p. 102); mais en
outre de ces conditions communes, il en est
d'autres, particulières aux seconds mariages, et
sur lesquelles nous allons nous expliquer.

CHAPITRE I

DISSOLUTION DU PREMIER MARIAGE — BIGAMIE

« On ne peut contracter un second mariage
avant la dissolution du premier. » Tel est le grand
principe de la monogamie écrit dans l'art. 147 du
Code et que le droit français, comme le droit
romain, a toujours respecté. Nous devons passer
en revue les conséquences nombreuses de ce principe.

SECTION I

OPPOSITION

Quand un individu déjà marié se prépare à
convoler en secondes noces, son conjoint a le
droit d'y former opposition (art. 172), le premier
mariage fût-il, du reste, entaché de nullité. Toute
union en effet, dès qu'elle existe, est considérée
comme valable jusqu'au jour de l'annulation.
Aussi n'est-ce qu'à l'occasion de la demande en

mainlevée de l'opposition que le tribunal, après avoir statué sur la question préjudicielle, donnerait ordre de passer outre à la célébration.

Le conjoint du futur bigame n'est pas le seul qui puisse, en pareille occurrence, s'opposer à son mariage ; ses ascendants jouissent du même droit, puisque c'est là un de leurs attributs essentiels, et que la loi leur en permet l'exercice, en l'absence même de tout motif sérieux (art. 173, 176, 179). Il n'y a pour eux qu'une règle à observer, celle qui détermine l'ordre dans lequel ils sont admis à former leur opposition. L'article 173 est très-clair à cet endroit. En principe, le père est seul à pouvoir exercer le droit d'opposition, et son inaction, fût-elle négligente ou coupable, paralyse le droit de tous les autres ascendants. A défaut du père, c'est-à-dire s'il est mort, absent, fou, incapable enfin de manifester sa volonté, sa fonction passe à la mère. N'y a-t-il ni père, ni mère, les aïeuls et aïeules viennent alors, mais toujours dans l'ordre hiérarchique. C'est à l'aïeul que le droit est confié d'abord, et l'aïeule ne s'en voit investie qu'à son défaut. Cette disposition ne peut être révoquée en doute, car un changement de rédaction avait été proposé au Code pour l'indiquer expressément, et la seule crainte de substituer une ambiguïté nouvelle à celle qu'on voulait détruire, empêcha ce changement (Locré, IV, p. 357). La prééminence de l'aïeul sur l'aïeule ne se produit toutefois qu'entre ascendants de la même ligne. L'aïeule d'une ligne a autant de droits que l'aïeul de l'autre, et il en faut dire autant de la bisaïeule elle-même. En résumé, à défaut de père et mère, le droit d'opposition appartient aux deux lignes concurremment et s'exerce dans chacune par l'intermédiaire de l'ascendant le plus proche en degré, l'homme passant avant la femme dans le même degré.

N'y a-t-il pas d'autres personnes encore qui puissent s'opposer au mariage d'un individu marié? Pour les parents, la question est tranchée par les textes d'une façon négative (art. 174). Mais une controverse très-vive s'est élevée au sujet du ministère public auquel, en ce qui nous concerne, nous sommes d'avis d'étendre la solution précédente. Voici nos motifs :

Tout le monde est d'accord pour refuser le droit d'opposition à tous ceux que la loi n'en a pas investis d'une façon expresse. Eh! bien, c'est dans les art. 173 et 174 que se trouve l'énumération limitative des personnes à qui elle l'attribue. Le ministère public n'y étant pas compris, il nous semble impossible de ne pas tenir compte de cette exclusion. On a cependant voulu fonder le droit du ministère public sur l'art. 46 de la loi du 20 avril 1810, ainsi conçu : « En matière civile, le ministère public agit d'office dans les cas spécifiés par la loi. Il surveille l'exécution des lois, des arrêts et des jugements. Il poursuit d'office cette exécution dans les dispositions qui intéres-

sent l'ordre public. » Certes, la première phrase de
cet article, loin de nous être défavorable, confirme,
au contraire, de la manière la plus complète, la
thèse que nous soutenons. Aussi n'est-ce pas
d'elle que prétendent user nos adversaires, mais
bien de la dernière, où il est fait allusion aux dispositions qui intéressent l'ordre public, au nombre
desquelles rentrent, à n'en pas douter, les règles
prohibitives de la bigamie. Mais est-il sérieux de
prétendre que, après avoir posé en termes si
clairs le principe qui règle l'ingérence spontanée
du ministère public dans les questions civiles,
le législateur, dans le même article et presque
dans la même phrase, ait renversé lui-même son
principe et substitué l'arbitraire du magistrat
à la fixité de la loi ? Car, enfin, les matières qui
intéressent l'ordre public ne sont pas aussi
faciles à reconnaître qu'il le semble tout d'a-
bord, et, le fussent-elles, il n'en serait pas
moins vrai que, pour s'en occuper d'office, le
ministère public serait obligé d'agir en nombre
de cas, non spécifiés par la loi. Il faut donc,
ou bien admettre que cette fin de l'article n'est
que la reproduction de la disposition initiale,
ou encore, et c'est notre opinion, afin de n'a-
voir pas à reprocher au législateur un non-sens
aussi grave, reconnaître qu'il ne s'agit là que
des mesures d'exécution à prendre en dehors
de tout débat judiciaire. Quoi qu'il en soit de
ces deux interprétations, elles condamnent égale-

ment l'opinion que nous combattons et retournent même contre elles l'argument dont elle s'étayait.

Ce n'est pas là pourtant le dernier mot de la discussion. Trahis par la loi de 1810, les partisans du ministère public reviennent au Code civil, et se fondant sur l'art. 190 qui donne à celui-ci le pouvoir de demander la nullité du mariage d'un bigame, ils en infèrent qu'il peut *a fortiori* s'opposer à ce mariage. A notre avis, rien ne serait plus raisonnable qu'une pareille doctrine, mais nous soutenons que les textes ne la consacrent pas.

Tous les articles relatifs à l'opposition ont été réunis par le législateur dans un chapitre spécial, et nous avons vu que nul d'entre eux ne parlait du ministère public. La disposition qu'on nous oppose se trouve dans un autre chapitre, tout spécial aussi, celui des nullités qui n'a rien de commun avec le précédent, puisque, d'une part, toutes les causes d'opposition ne sont pas des causes de nullité (1), et que, d'autre part, toutes les causes de nullité ne sont pas des causes d'opposition (2). Sans doute, l'époux du bigame, qui peut s'opposer au mariage de son conjoint, peut aussi en demander la nullité (art. 172, 188), et il en est de même des ascendants (art. 173, 184). A cette occasion, on peut constater une sorte de

---

(1) Il en est notamment ainsi de tous les empêchements prohibitifs.

(2) La clandestinité du mariage, par exemple, et l'incompétence de l'officier public.

corrélation entre l'opposition et la nullité; mais elle n'a rien de nécessaire. C'est ainsi que les collatéraux d'un fou, dont l'article 174, § 2, reconnaît le droit d'opposition, ne peuvent pas demander la nullité du mariage auquel ils ont négligé de former obstacle, si ce n'est quand ils ont à cette nullité un intérêt né et actuel, c'est-à-dire à la dissolution du mariage (article 187). C'est ainsi encore que les étrangers eux-mêmes peuvent, à ce moment, intenter une action en nullité, tandis que le droit d'opposition ne leur est jamais accessible (article 184). Il résulte de là que le droit d'opposition et le droit à la nullité ne sont pas corrélatifs, et que, en outre, le premier est accordé plus difficilement que le second. Ce n'est donc pas chose étonnante que le ministère public, qui jouit de l'un, soit privé de l'autre, et nous ne voyons aucunement dans ce contraste un argument en faveur de nos adversaires.

Il n'est pas inutile de faire remarquer en finissant que les inconvénients attachés à notre doctrine sont atténués dans une très-large mesure, pour ne pas dire complétement anéantis, par la faculté qui appartient au ministère public, comme elle appartient du reste à tout le monde, d'avertir officieusement l'officier public, et d'empêcher ainsi indirectement le mariage criminel auquel il ne lui est pas loisible de former une opposition régulière. L'autorité dont il jouit sur ce fonction-

naire qui relève directement de lui rend encore
son avertissement plus efficace, et même, à raison
de la sanction pénale qui suivrait la désobéissance,
ne permet pas de supposer qu'il soit jamais mé-
connu.

SECTION II

LA BIGAMIE EN DROIT CRIMINEL

Nous venons de voir comment on pouvait s'opposer au second mariage d'un individu marié.
Supposons maintenant que, malgré cet empêchement, le mariage, par fraude ou de toute manière, a été célébré.

Quelles seront les suites de cette célébration ?

Tout d'abord, un pareil acte constitue un crime
que les lois pénales punissent des travaux forcés
à temps (C. p., art. 340), et ce châtiment atteint
non-seulement l'époux bigame, mais encore son
deuxième conjoint, s'il a connu l'existence du
premier mariage (C. p., art. 59), et encore l'officier
de l'état civil qui, en connaissance de cause, leur
a prêté son ministère (C. p., art. 340).

La nullité du premier mariage, prouvée par
l'accusé, fait disparaître son crime. Mais en est-il
de même de l'annulabilité (1)? On pourrait en dou-

---

(1) La nullité, quand on l'oppose à l'annulabilité, ne signifie pas
autre chose que l'inexistence même du mariage par suite de l'absence
de l'un des quatre éléments essentiels à sa formation.

ter, puisque, d'une part, aux termes du Code pénal, la bigamie consiste dans le fait de contracter un second mariage, sans être dégagé de ses liens antérieurs, et que, d'autre part, le mariage, annulable est considéré, jusqu'au jour de son annulation, comme légitime. Cependant, nous ne croyons pas juste de pousser jusque-là la sévérité. Le Code civil repousse toute action en nullité fondée sur la bigamie, quand le premier mariage, argué de nullité par le défendeur, est déclaré nul par le tribunal qui doit alors constater la parfaite régularité du second (art. 189). Eh bien, l'accusé peut présenter la même exception devant la Cour d'assises et faire renvoyer la question au tribunal civil seul compétent pour en juger (art. 326). La régularité de sa situation une fois reconnue par le magistrat civil, l'effet rétroactif de son jugement rend impossible désormais toute condamnation.

Qu'arriverait-il cependant si le juge civil, en constatant la nullité du premier mariage, déclarait néanmoins qu'il doit, à raison de la bonne foi des époux, être considéré comme valable dans le passé et produire tous ses effets (art. 201) ? On ne peut plus invoquer ici l'effet rétroactif du jugement. Avant comme après, il est vrai de dire qu'au moment de la célébration du second mariage, le premier subsistait encore et que, par conséquent, la situation de l'accusé est bien celle que prévoit et punit la loi pénale. Mais ces déductions d'une logique rigoureuse ne nous paraissent pas admissibles. C'est dans l'intérêt des époux qu'on les autorise à exciper du mariage vicieux qu'ils ont contracté de bonne foi. Ne serait-ce pas dénaturer la pensée du législateur que de faire produire des conséquences si défavorables à une disposition toute de faveur? Et surtout, comment admettre que la bonne foi entraîne des résultats aussi funestes quand la mauvaise foi les aurait paralysés? A ces raisons purement théoriques on peut d'ailleurs en ajouter une autre tirée du texte même de la loi. Le mariage putatif, après tout, ne produit que des effets civils, et nous sommes ici en matière criminelle. Il est bien vrai que l'empêchement dirimant qu'oppose à un second mariage l'existence du premier est un effet civil de ce mariage (art. 147). Loin de contredire à cette idée, nous l'acceptons avec toutes ses conséquences, et nous sommes d'avis que le mariage putatif suffit pour justifier de la part de tous les ayants-droit une opposition à toute union nouvelle et en entraîner la nullité ; car ce ne sont là que des effets civils. Mais qu'il aille jusqu'à autoriser une poursuite criminelle, c'est ce que nous n'admettons pas, parce que le texte ici nous fait absolument défaut.

Doit-on établir une distinction entre les nullités absolues et les nullités relatives? On a voulu le faire, et bien à tort, suivant nous. L'effet de la nullité relative est identique à celui de la nullité absolue. Il n'y a entre elles de différences qu'au point de vue de la durée des actions qu'elles engendrent et des personnes capables de les intenter. Ces différences ne sauraient fournir un point d'appui à la doctrine que nous combattons, mais, à un tout autre point de vue, elles font naître une question délicate qu'il faut examiner.

L'accusé allègue la nullité relative de son premier mariage ; mais le délai pendant lequel cette nullité était proposable vient d'expirer. Ne peut-il pas, bien que privé d'action, opposer sa défense sous forme d'exception, en s'appuyant sur la maxime romaine : « *Quæ temporalia ad agendum ad excipiendum perpetua* » ?

Nous croyons que tel est son droit. Chaque fois qu'il parle de prescription, le Code ne mentionne que les actions (art. 1304, 2262), et, comme il est essentiellement rationnel et équitable que l'exception soit perpétuelle comme l'action dont elle doit conjurer les effets, il faut bien conclure de ces textes que le législateur moderne a sanctionné cette vieille règle du droit ancien. Mais du moins est-elle admissible en matière de mariage? On ne saurait le nier, puisque les motifs de son application se présentent ici comme ailleurs. La prescription qui s'appuie sur la possession ne peut courir contre celui qui possède. Il n'y a pas de reproche à lui faire de son inaction puisqu'en n'attaquant pas, il gardait le meilleur rôle, celui de défendeur et qu'il pouvait toujours croire à la bonne foi de son adversaire.

Ces raisons sur lesquelles se fondent notre règle en déterminent la portée. Elle ne peut être invoquée que par un défendeur en possession de l'état qu'on veut lui ravir. Un homme abandonne le domicile conjugal, quelques jours seulement après le mariage contracté par lui sous l'empire de l'erreur ou de la violence, et se remarie après un délai de dix ans. Nous pensons qu'à une accusation de bigamie, il peut répondre alors par l'exception de nullité de son premier mariage. Que n'agissait-il en temps opportun, dira-t-on ? C'était bien inutile. En possession de l'état de célibataire, il jouissait de sa liberté et avait lieu d'espérer qu'on ne se prévaudrait pas contre lui d'un acte vicieux. Puisqu'on le fait, rien ne nous semble plus juste que de l'autoriser à se défendre.

Une question tout à fait analogue est celle-ci. Un homme poursuivi pour bigamie allègue la nullité de son premier mariage. Cette nullité existe, et les délais accordés pour l'invoquer ne sont pas expirés encore. Mais il ne peut pas la proposer lui-même, et le tiers à qui seul compète ce droit garde le silence. C'est sa femme, par exemple, qui l'a épousé par contrainte, il y a cinq mois, et qui, par esprit de vengeance peut-être, se refuse à demander la nullité du mariage (art. 180). Que faire ? L'hésitation ne nous semble pas possible, et, quoiqu'il puisse paraître dur de condamner pour bigamie un homme dont le premier mariage est entaché d'un vice, nous ne voyons pas de moyen pour le soustraire au châtiment (Cassat., 17 déc. 1812). Son premier mariage est considéré comme valable; la loi pénale veut qu'il soit puni.

Que faut-il dire à présent de la nullité du second mariage lui-même? La question paraît oiseuse, le second mariage étant toujours nul à raison de l'existence du premier. Elle présente cependant de l'intérêt, au point de vue théorique. En démontrant l'existence de cette nullité, fondée bien entendu sur un autre motif que la bigamie, l'accusé fait disparaître son crime auquel il manque désormais un élément essentiel. Sa culpabilité reste la même néanmoins, puisque ce système de défense n'en laisse pas moins subsister un fait, constituant une tentative de bigamie, et puni, comme tel, de la même peine que la bigamie elle-même (C. p., art. 2); mais l'identité des résultats n'altère en rien la différence théorique que nous tenions à signaler.

Les exceptions, tirées de la nullité soit du premier, soit du deuxième mariage, constituent des questions préjudicielles dont la connaissance est réservée aux tribunaux civils (art. 326). C'est ce que nous avons déjà eu l'occasion de dire plus haut. Mais il est à remarquer que cette doctrine, universellement admise dans la première hypothèse, est contestée dans la seconde; car, dit-on, puisque c'est le second mariage qui constitue le crime, les juges criminels ont toute latitude pour l'examiner et l'apprécier tant au point de vue du fait qu'au point de vue du droit. Nous ne sommes pas de cet avis, et, bien que le Code pénal, repoussant la théorie, seule rationnelle suivant nous, de nos anciens auteurs (1), fasse consister la bigamie, non pas dans la coexistence des deux mariages, mais dans le fait du second (C. p., art. 341), nous repoussons, comme illégale, la conséquence qu'on en tire. Le second mariage, en effet, ne peut constituer en état de bigamie celui qui le contracte que s'il est valable. Nul, il ne saurait plus être regardé que comme une tentative, ce qui n'est pas la même chose, ainsi que nous venons de le démontrer. Il faut donc, avant de déférer l'auteur de ce fait à la juridiction criminelle, faire établir par le juge civil, sa véritable situation (art. 326).

Le châtiment de la bigamie, avons-nous dit, ce sont les travaux forcés (C. p., art. 340). Il faut ajouter qu'ils entraînent à leur suite, comme peines accessoires, la dégradation civique (C. p., art. 28), l'interdiction légale (C. p., art. 29), dont le gouvernement peut atténuer les effets (L. 30 mai 1854, art. 12), et enfin le renvoi sous la surveillance de la haute police, à moins de mention contraire dans l'arrêt de condamnation (C. p., art. 46).

(1) Quelques auteurs la soutiennent encore. Voyez Antonin Blanche. *Études pratiques sur le Code pénal*. Cinquième étude, n° 223.

Outre l'action publique, la bigamie fait naître encore l'action civile que peuvent intenter contre le bigame tous ceux qui ont souffert de son crime. (C. instr. crim., art. 1.) Elle compète évidemment au premier conjoint du bigame et aussi au second, en supposant qu'il ait ignoré l'empêchement, tous deux également atteints dans leur honneur. Mais nous la refusons aux enfants, tant du premier que du second lit, en nous fondant sur l'art. 371 du Code civil qui leur prescrit honneur et respect envers leurs père et mère. Quant aux ascendants des divers conjoints, l'action ne leur passe pas davantage. L'art. 1 du Code d'instruction criminelle n'attribue cette action qu'à l'individu qui *a souffert* du dommage, et l'art. 63 détermine le sens restrictif de ces mots en l'accordant à celui qui se prétend *personnellement* lésé. Eh! bien, la bigamie n'est pas un fait lésif pour les ascendants dont il ne compromet pas la fortune et n'entache pas l'honneur. Le mari seul peut être considéré, dans certains cas, comme frappé directement par les atteintes portées à l'honneur de sa femme; mais cette observation n'est pas à invoquer ici. Le mari d'une femme bigame est lésé dans sa dignité personnelle par le crime de sa femme et n'a pas besoin, pour fonder son action, d'alléguer l'infamie de son conjoint.

SECTION III

LA BIGAMIE EN DROIT CIVIL

L'état de mariage constitue, ainsi que nous l'avons déjà vu, un empêchement dirimant à la célébration d'une union nouvelle. Il s'ensuit qu'elle doit être considérée comme une cause de nullité de cette union (art. 184).

Cette nullité est absolue, c'est-à-dire invocable par toute personne intéressée et insusceptible de prescription comme de ratification. Nous allons développer, dans cette section, les conséquences de la première idée, réservant pour une suivante les explications que comporte la seconde.

Toute personne intéressée peut demander la nullité d'un mariage entaché de bigamie. Tel est le principe.

Le premier conjoint du bigame est, sans contredit, la personne la plus intéressée à faire cesser un scandale qui le déshonore. Aussi cette faculté demeure-t-elle sans cesse en son pouvoir (article 188).

Il faut en dire autant du second époux du bigame non moins intéressé que le premier à la rupture d'une alliance honteuse. Soumis à la même injure, il jouit du même droit (art. 184).

Le bigame lui-même est dans une situation identique (art. 184). Sans doute, il est quelque peu bizarre de voir celui-là même qui a provoqué et consenti l'union criminelle jouir du pouvoir de la faire dissoudre sur sa propre réclamation. Mais ce droit, après tout, n'est pas un privilége. Ce qu'il faut assurer, c'est la cessation d'un commerce scandaleux, et, pour atteindre ce but, la loi n'a pas cru mieux faire que de multiplier les actions en nullité. En les donnant même aux coupables, elle n'a fait que garantir davantage l'ordre public et les bonnes mœurs.

Il faut citer, en quatrième lieu, comme jouissant du droit de demander la nullité, les ascendants. A notre avis les ascendants peuvent, comme les personnes énumérées jusqu'ici, agir quand bon leur semble, et sans avoir à justifier, ainsi qu'on le prétend quelquefois, d'un intérêt pécuniaire. Le principe posé dans l'art. 184 donne le droit d'agir en toute circonstance aux époux et aux personnes intéressées au nombre desquelles figurent certainement les ascendants. L'art. 187 vient ensuite restreindre ce principe vis-à-vis des enfants et des collatéraux, mais il laisse intact le droit des ascendants. Ne serait-elle pas bizarre, la loi qui empêcherait un père d'arracher son fils à une union criminelle ? N'y a-t-il pas là pour lui un intérêt d'honneur, un intérêt sacré qui vaut plus que tous les autres ? Du reste, sa succession n'est-elle pas menacée par les enfants illégitimes de son fils et n'est-ce pas là un intérêt pécuniaire suffisant pour justifier son action ?

La loi s'inspirant de ces motifs a fait aux ascendants une situation privilégiée. C'est ainsi que, dans l'art. 191, elle les distingue soigneusement des autres intéressés. La distinction, pour être moins expressément indiquée, n'en subsiste pas moins dans l'art. 187. Notre conclusion est par conséquent favorable aux ascendants que nous assimilons au bigame et à ses deux époux.

Il va sans dire que, parmi ces ascendants, nous ne comptons pas ceux du premier et seul légitime conjoint du bigame. Le crime de leur gendre ou de leur bru leur est étranger ; c'est pour eux *res inter alios acta*. Aussi n'ont-ils à l'encontre de cet acte d'autre action que celle du droit commun qui compète à toute personne intéressée.

De la solution que nous venons de donner naît une autre question. Si les ascendants peuvent, comme tels, et sur la seule justification de leur titre, intenter une action en nullité, ce droit leur appartient-il à tous concurremment, ou ne sont-ils appelés à l'exercer que graduellement, comme s'il s'agissait d'un consentement à donner, d'une opposition à former (art. 148, 173) ?

Nous pensons que la première opinion seule est bonne et qu'un ascendant puise toujours dans son titre même, le droit d'invoquer la nullité. Le texte de la loi ne comporte aucune distinction et ne justifie nullement la différence qu'on voudrait établir entre l'hypothèse qui nous occupe et celle de l'art. 191, où le législateur s'occupant des ma-

riages clandestins accorde à tous les ascendants le droit d'en demander la nullité.

On croit trouver à ces arguments une réponse péremptoire, en invoquant les principes de la puissance paternelle dont l'exercice n'est jamais confié par le législateur qu'à l'ascendant le plus proche (art. 142, 148, 150, 172, 402). Mais pourquoi n'y aurait-il pas ici une dérogation à ces principes, comme il y en a une dans le cas des mariages clandestins? Cette dérogation se justifie très bien et sert le dessein du législateur qui veut assurer avant tout la cassation de mariages vicieux. La doctrine que nous combattons aurait un effet tout contraire. Si celui-là seul peut demander la nullité du mariage qui a autrefois consenti à sa formation, il est bien improbable qu'il le fasse, à moins qu'il n'ait été victime d'une erreur ou d'une fraude. A-t-il un reproche à s'adresser, il se taira certainement, et c'est ainsi qu'on ne protége que le fait délictueux d'un ascendant de mauvaise foi, par le silence imposé aux autres. Ces considérations nous déterminent à résoudre dans un sens favorable aux ascendants la question que nous nous sommes posée à leur égard; d'autant plus que le législateur accorde plus facilement l'action en nullité que le droit d'opposition, et que les termes du Code se prêtent ici à la plus large interprétation.

Nous arrivons maintenant à une autre classe de personnes : les gens pécuniairement intéressés à la nullité, soit étrangers, soit parents, descendants ou collatéraux.

La loi, en exigeant de ces personnes que leur intérêt soit né et actuel (art. 187), paraît croire qu'elle écarte toute action de leur part du vivant des deux bigames. De là, quelques personnes ont voulu conclure qu'un étranger ne pouvait jamais invoquer une nullité de mariage, puisque, n'étant pas héritier, il ne s'ouvrait à son profit de droit contre les époux, que du vivant de ceux-ci (Cour de Douai, 12 juillet 1838). Ce raisonnement nous semble d'une rigueur exagérée. Le principe qui domine toute la matière est posé dans l'art. 184 en des termes on ne peut plus généraux. L'art. 187 vient les restreindre ensuite, mais nous allons essayer de prouver que cette restriction n'est qu'apparente. En tous cas, fût-elle réelle, elle ne s'applique pas aux étrangers, auxquels toute liberté reste pour intenter leur action sous la seule condition d'y avoir un intérêt. Si nous passons maintenant aux collatéraux et aux enfants du premier lit, nous ne devons, semble-t-il, leur accorder une action, qu'à la dissolution du mariage par la mort de l'un des deux coupables. Relativement aux enfants, cette restriction nous paraît acceptable, à raison du principe de l'art. 371 aux termes duquel l'enfant doit honneur et respect à ses père et mère. Mais il n'en est plus de même vis-à-vis des collatéraux. Aussi pensons-nous que les mots de l'art. 387 « du vivant des deux époux » n'ont pas la portée qu'on leur attribue. Le législateur ne s'est préoccupé, en les écrivant, que de l'intérêt successoral des parents qui, le plus souvent, en effet, mettra en mouvement leur action. C'est ainsi qu'il s'est laissé aller à écrire une phrase inexacte, mais sans vouloir certainement modifier le principe si clair et si précis de l'art. 184. L'art. 187 n'est que le développement de ce principe dont il explique les termes ; il ne peut en être regardé comme l'abrogation partielle.

Il nous reste à déterminer maintenant le rôle du ministère public dans les demandes en nullité. Mais, avant d'aborder cette question, nous devons apprécier la théorie qui attribue au conseil de famille, pendant la minorité de l'époux, un pouvoir analogue à celui des ascendants.

Cette théorie a pour fondement l'art. 183, qui déclare déchus du droit de demander la nullité d'un mariage entaché du vice d'impuberté, le père, la mère, les ascendants et la famille qui ont consenti au mariage. Voici le raisonnement dont elle s'appuie. Puisque le conseil de famille peut invoquer la nullité du mariage de deux impubères, quand il n'y a pas consenti, il en est de même de toutes les autres nullités absolues et notamment de la bigamie.

Nous n'acceptons pas cette doctrine. Sans doute, le mot famille, employé dans l'article, désigne bien, quoi qu'on en ait dit, les parents réunis en conseil de famille, puisque ceux-là seuls, et non les autres, peuvent être appelés à donner leur consentement. Cette concession, nous la faisons de bonne grâce, mais elle ne nous engage à rien. Le Code qui a énuméré, dans les art. 184, 187, 191, les personnes à qui il reconnaît le droit d'intenter une action en nullité, ne mentionne le conseil de famille en aucun de ces articles, et c'est une vérité aujourd'hui unanimement reconnue, en doctrine et en jurisprudence, que cette énumération est limitative. L'argument *a contrario*, qu'on invoque en faveur du conseil de famille, n'est pas probant, puisqu'un tel raisonnement, bon pour ramener à la règle générale, n'est pas considéré par les auteurs comme suffisant pour y déroger. Enfin, voici en notre faveur une dernière raison qui nous semble de grande valeur. Toutes les fois qu'on parle d'un être collectif, le mot dont on se sert pour le désigner est susceptible de deux acceptions différentes. Ou bien il s'applique à cet être, envisagé comme abstraction, comme personne morale, ou bien à l'ensemble des individus concrets qui le composent. Ce dernier sens est à nos yeux celui du mot employé dans l'art. 186 où la pensée du législateur se révèle clairement, par le choix même de l'expression dont il s'est servi, trop vague assurément pour l'appliquer au conseil de famille, envisagé comme tel.

En résumé, l'article que nous commentons a

tout simplement pour objet de retirer à chacun des membres du conseil de famille qui ont consenti au mariage d'un impubère, le droit qu'ils pourraient avoir, *individuellement comme intéressés*, à invoquer cette nullité. C'est une disposition corrélative à celle qui s'applique dans les mêmes termes aux ascendants, et c'est précisément pour en rendre l'exécution possible que l'article 883 du Code de procédure ordonne la mention au procès-verbal de l'avis personnel de chaque parent.

Revenons maintenant au ministère public. De même qu'il poursuit au criminel l'individu coupable de bigamie (art. 22, C. instr. crim.), de même il est fondé à demander au civil la nullité de son mariage (C. c., art. 184). L'art. 190 développant le principe, porte qu'il « peut et doit demander la nullité du mariage, du vivant des deux époux, et les faire condamner à se séparer. » Diverses interprétations de cet article ont été proposées. Nous pensons que la loi, en se servant de l'expression « peut et doit, » a voulu attribuer au procureur de la République un pouvoir discrétionnaire sur l'opportunité de la poursuite, en lui imposant d'ailleurs l'obligation de ne jamais l'intenter que du vivant des deux époux.

Ainsi le ministère public n'est pas toujours tenu d'agir. La bigamie n'est-elle donc pas toujours un scandale intolérable ? Non. Telle est, par exemple, l'hypothèse où le premier conjoint du bigame vient à décéder. Sa mort fait cesser le scandale et il y aurait plus d'inconvénients que d'avantages à forcer le ministère public à l'action. Puisqu'il est maître de ne pas poursuivre un acte criminel (C. In. crim., art. 1), n'est-il pas logique qu'il jouisse en matière civile de la même faculté (1) ?

Quoi qu'il en soit, et à supposer comme obligatoire, l'action du ministère public, il ne peut l'exercer que du vivant des deux époux. L'un mort, son droit cesse à la différence des personnes dont nous avons parlé jusqu'ici.

Il est à remarquer que le procureur de la République, en demandant la nullité, doit appeler en cause le second époux. La présence de ce dernier est indispensable, puisque la loi impose au magistrat poursuivant l'obligation de faire condamner les conjoints à se séparer, et que les réquisitions à ce sujet comme aussi la sentence qui y ferait droit n'auraient pas de sens, prononcées à l'insu de l'une des parties qu'elles intéressent (art. 190). Il faut dire la même chose des enfants issus de cette union ; leur présence est nécessaire « pour la conservation des intérêts que peut produire à leur égard le mariage annulé » (Cassat., 30 mai 1846).

____

(1) Il n'est contraint d'agir que sur la plainte d'un individu se portant partie civile (art. 63), et mettant ainsi de lui-même l'action publique en mouvement. Encore reste-t-il toujours libre de donner à l'audience les conclusions qu'il veut.

SECTION IV

COMMENT PRENNENT FIN LES ACTIONS
QUE FAIT NAITRE LA BIGAMIE

Les actions auxquelles la bigamie donne ouverture sont gouvernées, au point de vue de la prescription, par des règles bien différentes.

En ce qui concerne le ministère public, nous savons qu'il a deux actions, l'une civile, l'autre criminelle, celle-ci qui tend à faire appliquer au coupable la peine de son crime, celle-là qui a pour but de faire prononcer la nullité de son mariage.

L'action criminelle se prescrit par dix ans, à compter du jour où le crime a été commis, c'est-à-dire ici, à compter du jour de la célébration du second mariage. Nos anciens auteurs considéraient au contraire la bigamie, comme un crime *successif* qui, se renouvelant chaque jour, peut retarder indéfiniment le point de départ de la prescription. Nous croyons qu'ils étaient dans le vrai. Un meurtre, un vol, ce sont là évidemment des crimes qui n'ont rien de successif, car le meurtrier, le voleur, une fois accompli le meurtre, une fois le vol consommé, ne peuvent pas être regardés comme poursuivant leur acte coupable. Le voleur lui-même, en gardant ce qu'il a enlevé, ne continue pas à voler ; il se rend coupable d'un délit tout différent, le recel. Mais un bigame, c'est tout autre chose ! Le second mariage n'est que le fait initial par lequel il entre dans une situation criminelle qui ne cesse qu'avec l'une des deux unions. Telle est la solution rationnelle, mais le Code ne l'a pas admise. Aux termes de la loi pénale, le crime se forme et se consomme par la célébration du second mariage. Dès lors, tout est fini, et la prescription, par suite, court immédiatement suivant le droit commun (C. Inst. crim. art., 637).

Le décès du coupable a le même effet que la prescription (C. Inst. crim., art. 2), et il en est de même de l'amnistie (L. 25 février 1875).

Quant à l'action en nullité, elle n'est pas susceptible de prescription, puisqu'aucun texte ne la prononce. Elle n'est pas même paralysée par la prescription déjà survenue de l'action publique; mais, entre les mains du ministère public, elle ne survit pas plus que cette dernière au décès du coupable, et disparaît, même avant elle, par la mort du second époux du bigame (C. c., art. 190).

Voilà pour le ministère public.

Quant aux autres personnes à qui compète l'action en nullité, ils n'ont à redouter aucune prescription quelle qu'elle soit. Le crime fût-il commis depuis cinquante ans, le bigame mort ainsi que ses conjoints, la nullité subsisterait toujours et toujours serait invocable. (Paris, 1er avril 1810.)

Enfin l'action civile qui naît en faveur de tout individu lésé par le crime, s'éteint par la prescription décennale, en même temps que l'action publique, mais à la différence de celle-ci, elle persiste après la mort du prévenu et peut être intentée contre les héritiers. (C. Instr. crim., art. 2.)

L'amnistie n'en gêne pas non plus l'exercice. Elle dépouille un fait de son caractère délictueux, non de son caractère dommageable. Le crime a disparu, mais il reste une lésion dont il faut indemniser celui qui l'a soufferte.

L'impunité du crime de bigamie assurée au criminel par un autre crime plus sévèrement puni (C. instr. crim., art. 365), n'empêche pas l'action civile de se produire. Il n'est pas besoin qu'un fait soit puni, mais seulement qu'il soit qualifié crime ou délit, pour qu'on puisse l'exercer. (*Ibid.*, art. 1.)

Quelle que soit l'indépendance des actions criminelle et civile, ne faut-il pas dire cependant, puisque le criminel tient le civil en état (*Ibid.*, art. 3), que la décision criminelle s'impose au juge civil ? Telle est en effet la décision de la jurisprudence qui l'interprète, il est vrai, aussi restrictivement que possible, en ne déclarant jugés et constants que les faits dont mention expresse est faite dans la sentence criminelle. Nous repoussons la théorie même ainsi atténuée. On comprend que le jugement des questions préjudicielles s'impose aux tribunaux répressifs, puisque le juge civil était seul compétent pour les résoudre. Mais ici la situation n'est plus la même ; la compétence est égale des deux côtés. Le seul motif de sursis imposé à la juridiction civile, c'est de prévenir l'influence qu'aurait sa décision sur la juridiction criminelle, et peut-être aussi d'empêcher entre les deux sentences une contradiction involontaire. Mais de là à imposer à l'une l'obligation de suivre l'autre servilement, il y a loin. Au reste, les principes sur l'autorité de la chose jugée ne sont pas applicables ici. Il n'y a pas identité d'objet puisque le fait qui engendre les deux actions n'est pas envisagé au même point de vue. Suivant qu'il s'agit d'action publique ou d'action civile il ne produit pas les mêmes conséquences. La chose demandée, c'est dans un cas l'application d'une peine, dans l'autre une indemnité. Où l'on ne voit ici qu'un délit, on cherche là un fait dommageable. Il n'y a pas non plus identité de personnes, puisque le demandeur est d'un côté le ministère public, de l'autre, un simple particulier. Qu'on ne dise pas que le ministère public représente tout le monde; c'est une subtilité qui ne se soutient pas. Autre chose est la représentation de l'être collectif qu'on appelle société; autre chose, celle des individus qui la composent. Nous admettons donc à tous ces points de vue la parfaite indépendance des deux actions.

Cette indépendance s'accuse encore en ce que l'action civile peut s'éteindre par transaction, tandis que l'action publique survit toujours à une convention de ce genre (C. c., art. 2046. — C. inst. crim., art. 4), si ce n'est dans quelques cas

exceptionnels, dont nous n'avons pas à nous occuper, parce qu'ils n'altèrent en rien la valeur du
principe.

SECTION V

EFFETS DE L'ABSENCE SUR LA BIGAMIE

Les règles que nous venons d'exposer sur les
seconds mariages, contractés avant la dissolution des premiers, sont celles du droit commun.
Il nous reste à faire connaître maintenant les exceptions qu'elle comporte quand le second mariage
est contracté par le conjoint d'un absent.

Dans l'état actuel de la législation, la mort naturelle est le seul événement auquel la loi recon-
naisse le pouvoir de délier les liens du mariage
(C. c., art. 227. — L. 8 mai 1816. — L. 31 mai 1854.)
L'absence, par conséquent, est inhabile à produire
cet effet, et, pour empêcher le convol du conjoint
d'un absent, la voie de l'opposition est ouverte à
tous les ayants-droit. Mais une erreur peut se
produire, une fraude peut se commettre. C'est à
cette hypothèse que se rapporte l'art. 139, qui déclare l'absent seul recevable en pareille circonstance à provoquer la nullité, soit par lui-même,
soit par un fondé de pouvoir, muni de la preuve
de son existence. Bien des controverses se sont
élevées sur cet article et bien des interprétations
en ont été proposées. Nous pensons que le législateur a voulu simplement montrer par là que l'ab-

sence, bien qu'elle soit un empêchement prohibitif, n'est pas cependant en elle-même un empêchement dirimant. Ainsi expliqué, il est parfaitement raisonnable et se justifie très-bien. Prenons une hypothèse. Le conjoint d'un absent se marie. Les principes généraux autorisent contre lui, de la part de toute personne intéressée, une demande en nullité pour cause de bigamie, et, à cette demande appuyée sur la preuve de la célébration des deux mariages consécutifs, l'époux attaqué n'a rien à répondre, incapable qu'il est de prouver la dissolution du premier mariage au jour de la célébration du second. Force serait bien alors au tribunal saisi de la demande, de prononcer la nullité du second mariage, et ce serait assurément très-fâcheux. A coup sûr, l'existence en est regrettable, mais peut-être n'est-elle pas criminelle. L'incertitude qui plane sur la vie de l'absent doit protéger ce contrat contre une annulation dont rien ne démontre l'impérieuse nécessité. C'est en s'inspirant de ces considérations que le législateur a édicté l'art. 139. Pendant l'absence, nul ne peut attaquer le mariage, hormis l'absent lui-même. Cette manière de parler est inexacte. Quand l'époux attaque, c'est qu'il n'est plus absent. La pensée, toutefois, se dégage clairement de la phrase, et c'est assez. Le mandataire de l'absent jouit du même pouvoir. Cette règle de droit commun n'est reproduite ici que pour être subordonnée à une condition quelque peu exceptionnelle, la preuve de l'existence du mandant, qu'on n'exige pas du mandataire ordinairement (art. 121). C'est dire, en d'autres termes, que le mandataire lui-même ne peut intenter son action qu'après avoir démontré la cessation de l'absence. Son mandat nous semble devoir être spécial, car il est impossible d'admettre que l'absent, en confiant à son mandataire les pouvoirs même les plus généraux, y ait compris celui d'attaquer le mariage postérieur de son conjoint. Si misanthrope que l'on soit, et fût-on imbu même de la philosophie du Scapin de Molière (1), nul ne s'attend à trouver, à son retour, son époux dans les bras d'un autre, nul surtout ne songe à régler d'avance cette situation. Aussi croyons-nous que le mandataire ne peut agir que sur un ordre du conjoint absent.

Et pourtant un tel ordre prouve évidemment la survie de l'absent au mariage de son époux, et rend ainsi la fin de l'art. 139 complétement inutile. Cette objection n'est que spécieuse. L'existence d'un absent se prouve par des certificats dits *certificats de vie*. Eh bien! toutes les fois que le législateur a eu à s'occuper de ces certificats, il en a

<hr>

(1) SCAPIN..... — J'ai ouï dire, il y a longtemps, une parole d'un ancien que j'ai toujours retenue.

ARGANTE. — Quoi ?

SCAPIN. — Que pour peu qu'un père de famille ait été absent de chez lui, il doit promener son esprit sur tous les fâcheux accidents que son retour peut rencontrer, se figurer sa maison brûlée, son argent dérobé, sa femme morte, sa fille subornée, et ce qu'il trouve qui ne lui est point arrivé, l'imputer à bonne fortune.

(*Les Fourberies de Scapin*, acte II, scène VIII.)

attribué la rédaction aux officiers publics exclusivement à tous autres, soit en France, soit à l'é-
tranger (Décrets du 6 juin 1819, du 20 mai 1818).
Il semble bien, par conséquent, que la preuve ré-
clamée par l'art. 139 *in fine* doive s'établir, elle
aussi, sur un acte authentique. Mais, comme alors
un mandat peut résulter d'un acte sous seing
privé, on voit que la rédaction de l'art. 139 n'a
rien d'inconciliable avec notre opinion et qu'un
mandat, même spécial, peut ne pas porter avec
lui la preuve légale de l'existence du mandant.

En résumé, le mariage dont nous nous occupons n'est susceptible d'aucune attaque, si ce
n'est de la part de l'absent ou de son mandataire,
c'est-à-dire dans les deux cas, à la cessation de
l'absence.

Doit-on s'arrêter là et refuser à tout autre le
droit de former une demande en nullité. On l'a
prétendu, et il faut avouer que les partisans de
cette doctrine puisent dans le texte de la loi un
argument qui semble bien puissant. Les conséquences de cette théorie sont cependant trop scan-
daleuses pour qu'on ne cherche pas à les éviter.
Le conjoint du bigame, seul arbitre de la situation, peut retarder à son gré ses poursuites et
prolonger indéfiniment la bigamie légale de son
époux remarié. Bien plus, il peut ne pas agir du
tout et pousser le cynisme jusqu'à faire payer aux
deux imprude... on silence honteux. La chose
n'est pas impossible, et, puisqu'il se rencontre

dans la société des hommes qui vivent presque publiquement des adultères de leurs femmes, il ne faudrait pas s'étonner outre mesure d'en voir d'autres spéculer sur leur bigamie. Tels sont les résultats de la théorie que nous venons d'exposer. Ils ne suffisent pas à la condamner, car nous n'admettons pas qu'on juge sur ses conséquences une interprétation juridique, comme on le fait avec raison d'une opinion philosophique ou scientifique. Les Codes sont faits pour être commentés, non corrigés, si ce n'est par le législateur lui-même, toujours maître de son œuvre et auquel incombe, du reste, le devoir de l'améliorer sans cesse. Mais ici, nous ne sommes pas, nous semble-t-il, liés par un texte formel. L'art. 139 établit une exception aux principes généraux et doit, comme tel, être entendu restrictivement. De plus, placé au titre de l'absence, il ne saurait être appliqué quand l'absence n'existe plus. Enfin les termes mêmes de cet article comportent très-bien une interprétation plus morale. Il n'y est question que de l'époux absent, et nous avons démontré que c'était là une locution vicieuse; mais, tout inexacte qu'elle est, elle a du moins l'avantage de nous éclairer sur la pensée véritable du législateur, en nous montrant que celui-ci n'a eu en vue, dans la rédaction de son texte, que la seule période de l'absence, et qu'il ne faut pas étendre ses dispositions à des situations qu'elles ne prévoient pas.

Nous concluons en rejetant l'opinion ci-dessus exposée. Le droit commun, suivant nous, doit reprendre son empire, dès que l'absence a cessé, soit par le retour de l'absent, soit par la preuve légalement acquise de son existence, et, dès lors, le ministère public et avec lui toutes les personnes intéressées sont en droit d'intenter l'action en nullité, comme nous l'avons indiqué en commentant les articles 184 et suivants. Il ne nous reste plus maintenant qu'à préciser ce que nous entendons par absence. S'agit-il de l'absence proprement dite, de l'absence déclarée, ou simplement de la présomption d'absence ? Sans aucun doute, il s'agit de l'une et de l'autre. On ne peut opposer à cette interprétation que les expressions « époux absent » employées dans l'art. 139, et qui, dans la terminologie du Code, supposent d'ordinaire l'absence déclarée. Mais cette terminologie n'est pas toujours exactement observée ; ici même, le mot est certainement impropre, comme nous l'avons démontré plus haut. Pourquoi du reste distinguer, puisque, malgré la diversité de leurs effets sur le patrimoine de l'absent, la présomption et la déclaration d'absence ont toutes deux pour fondement l'incertitude qui plane sur sa vie et qui suffit, si légère soit-elle, pour justifier les précautions de la loi ?

SECTION VI

EFFETS DE LA BIGAMIE SUR LA FILIATION DES ENFANTS
ET LE DROIT SUCCESSORAL DU CONJOINT SURVIVANT.

Nous supposerons dans les développements qui vont suivre la mauvaise foi des deux époux, nous réservant d'expliquer dans la section suivante l'influence que la bonne foi, soit des deux conjoints, soit de l'un d'eux, doit exercer sur notre question.

Le mariage, contracté de mauvaise foi par deux individus dont l'un est déjà marié, doit être tenu pour nul, dans le passé comme dans l'avenir, dès qu'une sentence judiciaire a constaté son vice originel. Nous concluons de ce principe in   - table qu'il n'y a pas à en tenir compte pour déter-miner la filiation des enfants qui en sont issus. Est-ce leur père qui était bigame ? Ils sont naturels simples dans tous les cas. Est-ce leur mère ? Conçus pendant la durée du premier mariage, ils sont, à moins de désaveu, enfants légitimes du premier mari ; conçus après la dissolution, enfants naturels. Ces solutions sont loin d'être admises par tout le monde ; aussi croyons-nous utile et même nécessaire de consacrer quelques dévelop-pements à leur justification.

Et d'abord supposons le mari bigame. Nous di-sons que les enfants conçus de ses œuvres par sa prétendue épouse sont simplement naturels.

Cette opinion n'est pas contestable pour le cas où la naissance de ces enfants est postérieure à l'annulation du mariage. La loi s'oppose formellement à ce qu'on constate dans leur acte de naissance la paternité du bigame. Ce serait leur attribuer une filiation adultérine que l'art. 335 ne permet pas d'établir. Il en est autrement pour les enfants nés pendant la durée du mariage vicieux. Au moment de leur inscription sur le registre de l'état civil, ils ont été présentés comme nés d'individus régulièrement mariés, et, par suite, comme légitimes. Vient ensuite l'accusation de bigamie portée contre leur père. Le mariage est annulé, la légitimité tombe, et, comme la filiation reste constatée par le registre public, force est bien d'admettre que ce sont des enfants légalement adultérins. Cette proposition, avancée par les auteurs les plus autorisés, ne nous semble pas à l'abri d'une réfutation. Ecartons tout d'abord les enfants issus du mariage annulé, mais conçus postérieurement à la dissolution du premier mariage de leur père. Légitimes, ils ne le sont plus ; mais adultérins, ils ne le sont pas davantage, puisqu'au moment de leur conception, leurs père et mère étaient libres tous deux. Ce sont là des enfants simplement naturels, en fait comme en droit ; la chose est évidente. Restent ceux qui sont conçus, des œuvres d'un homme alors marié, par la seconde femme qu'il a illégalement épousée.

L'annulation du mariage prétendu, survenant après la confection de leur acte de naissance, n'empêche pas, dit-on, que leur filiation n'ait été jadis légalement constatée. La conséquence, c'est qu'ils sont adultérins au regard de la loi, comme ils le sont dans la réalité. Nous croyons cette opinion fausse et nous appuyons notre croyance sur l'art. 335 déjà cité qui prohibe absolument la reconnaissance des enfants adultérins. Que si l'on objecte l'art. 762 qui reconnaît la possibilité de la constatation légale d'une filiation adultérine, nous répondons qu'il est nombre de cas en effet où cette constatation peut se faire : tel, par exemple, le cas d'une décision passée en force de chose jugée qui l'aurait admise par erreur de fait ou de droit, tel encore le cas d'une action en désaveu intentée avec succès par un mari contre l'enfant de sa femme ; et que, par conséquent, point n'est besoin, pour trouver l'application de l'art. 762, de violer l'art. 335.

Ce n'est pas le violer, disent alors nos adversaires, puisque ce n'est pas d'une reconnaissance qu'il s'agit, mais d'un acte de naissance reçu conformément à la loi. Le mariage annulé subsiste comme un fait passé que la loi ne peut détruire et dont il faut accepter, comme nécessaires, certaines conséquences au nombre desquelles figure la filiation des enfants.

En vérité, c'est se donner beaucoup de peine pour arriver à un résultat assez peu satisfaisant, celui d'imprimer légalement sur le front d'un enfant une tache dont il lui sera à jamais impossible de se laver. Et, sans doute, cette filiation restera établie par l'acte de naissance, lorsqu'elle sera simplement naturelle, parce que rien ne s'oppose à ce qu'on accepte alors la mention du registre public, et voilà pourquoi nous regardons comme établi de cette manière l'état civil de l'enfant issu du mariage annulé, mais conçu postérieurement à la mort de la femme légitime de son père. Mais, dans l'hypothèse actuelle, non, mille fois non. On dit que l'acte de naissance ne tombe pas sous le coup de l'art. 335, qui ne concerne que les actes de reconnaissance. Nous acceptons l'argument et répondons que cet acte est sans valeur, puisqu'il ne sert à prouver que la filiation légitime (article 319), tandis que la filiation illégitime se prouve par des actes de reconnaissance (article 334, etc.). Impuissant comme acte de naissance, il est illégal, comme acte de reconnaissance, et par suite, nul. Ainsi l'enfant auquel il s'applique est en droit de le méconnaître et de repousser les déchéances qui frappent les enfants adultérins. C'est un enfant naturel né de père inconnu ; telle est sa situation.

Que devient donc, désormais, cette prétendue nécessité d'accepter, telle qu'elle est, la mention du registre public ? Evidemment la loi ne peut pas empêcher qu'un fait ait existé ; mais elle peut en détruire les conséquences légales, et c'est ce qu'elle fait ici. L'union a existé et a été féconde. Voilà le fait. Quelles en sont les conséquences nécessaires? C'est, d'une part, la naissance des enfants, et d'autre part, le lien physique qui les rattache à leur auteur. On ne dirait pas autre chose s'il s'agissait d'un simple concubinage, et le mariage annulé ne peut pas être appelé d'un autre nom.

Voyons maintenant la seconde hypothèse, celle où la bigamie est le fait de la femme. Elle est plus délicate que la précédente et mérite plus d'attention.

Les enfants nés d'une femme bigame, à qui appartiennent-ils? Nous répondons sans hésitation : au premier mari. Mais. avant d'expliquer en détail ce système, et de montrer comment il est à la fois régulier en théorie et acceptable en pratique, il convient de déterminer exactement à quelle catégorie d'enfants s'applique notre réponse.

Pour les enfants nés plus de trois cents jours après la dissolution du premier mariage de leur mère, rien ne s'oppose à ce qu'on accepte la paternité du second époux. Si la naissance est antérieure à l'annulation du mariage vicieux, cette paternité sera constatée par l'acte de naissance, ainsi que nous l'avons expliqué déjà. Si elle est postérieure, la reconnaissance pourra se faire directement. Dans les deux cas, l'enfant est simplement naturel.

Pour tous les autres, c'est-à-dire, pour ceux qui

sont nés pendant la ¦durée du premier mariage ou dans les trois cents jours de sa dissolution, ils appartiennent, par application de notre théorie, au premier mari.

On ne saurait le contester pour ceux qui naîtraient ainsi après l'annulation du mariage entaché de bigamie. Nés d'une femme mariée, ces enfants appartiennent à son mari. Pourquoi dire autre chose de ceux qui naissent avant l'annulation? Objecte-t-on que jusqu'à ce moment le second mariage est regardé comme valable et doit être traité comme tel? Nous répondons qu'en acceptant cet argument sans restrictions, il n'en serait pas moins impossible d'attribuer *de plano* la paternité des enfants au second mari, puisque, en face de la présomption qui milite en sa faveur, s'en place une autre d'égale force qui milite en faveur du premier mari. Mais ce n'est pas tout. On ne tient pas compte, en raisonnant ainsi, de l'effet produit par l'annulation. Elle a détruit le mariage rétroactivement, et par suite, tous les effets civils de ce mariage, et, par suite encore, la présomption de paternité du second mari. Cette présomption, au reste, doit tomber encore pour une autre raison. C'est qu'elle n'est applicable qu'à la filiation légitime et que son effet ici serait de constater une filiation adultérine prohibée par la loi. Ainsi la première présomption subsiste seule et doit seule être suivie.

Mais on insiste en disant que la paternité du

second époux se prouve par l'acte de naissance qui l'a constatée autrefois. Cette objection ne peut pas nous arrêter, nous en avons établi longuement déjà la fausseté. Sans insister davantage, nous allons expliquer maintenant comment notre théorie est conciliable avec la pratique.

Sans doute, il semble d'abord exorbitant d'imposer à un homme la paternité des enfants que procrée sa femme avec un autre homme, alors surtout que ce commerce a pu s'exercer légalement, alors que l'obligation s'imposait à la femme de cohabiter avec son nouveau mari. Mais cette rigueur n'a rien d'insolite, et personne ne la conteste dans le cas, par exemple, où la femme d'un individu, éloigné depuis plusieurs années, met au monde des enfants inscrits sous le nom du mari. Le remède, d'ailleurs, est le même dans les deux hypothèses : c'est le désaveu. On arrive ainsi à établir la filiation adultérine, et, par suite, à identifier, au moins partiellement, au point de vue des résultats, notre théorie et celle de nos adversaires. Il n'y a pas à tirer de là une objection contre nous. De simples faits ne peuvent faire échec à des principes. Autre chose est d'arriver au but par la voie droite, autre chose, d'y arriver indirectement.

En résumé, l'enfant né d'un père bigame est toujours naturel ; celui d'une femme bigame est naturel dans certains et légitime dans tous les autres. Seul, le désaveu de son père légal peut lui imposer l'état d'enfant adultérin. Telles sont les conséquences de la théorie que nous venons d'exposer.

Deux mots à présent sur le droit du conjoint de l'époux bigame à la succession de celui-ci. Ce droit, à notre estime, n'est jamais efficace. Deux situations, en effet, peuvent se présenter, suivant que la mort du bigame précède ou suit l'annulation de son second mariage. Dans ce dernier cas, notre solution n'est pas douteuse. Le second conjoint ne jouissant plus du titre d'époux n'a pas qualité pour réclamer, au défaut des héritiers préférables, la succession du défunt qui va tout naturellement au premier conjoint légitime. Dans le premier cas, le second époux, jouissant de son titre, peut fonder sur lui une action en pétition d'hérédité, mais son adversaire n'a qu'à provoquer l'annulation du mariage pour vaincre ses prétentions en le désinvestissant rétroactivement de la qualité d'époux illégitimement usurpée.

SECTION VII

LA BIGAMIE DANS UN MARIAGE PUTATIF.

On appelle mariage putatif un mariage entaché de nullité, mais que les époux ou l'un d'eux, par suite d'une erreur de fait ou de droit, ont contracté de bonne foi, c'est-à-dire, sans connaître le vice de leur union, ou, s'ils le connaissaient, sans en apprécier l'influence. Le législateur s'est montré indulgent pour ces fautes involontaires, et bien qu'il ne consacre pas la validité de pareils mariages, il atténue du moins les conséquences de leur annulation, en admettant qu'elle opère sans effet rétroactif, et que l'union, nulle pour l'avenir, reste légitime dans le passé, et produit tous les effets civils (art. 201, 203). Cette faveur n'est applicable qu'à l'un des deux conjoints, s'il était seul de bonne foi ; en tout cas, il suffit pour la mériter, que la bonne foi ait présidé à la formation du mariage, eût-elle disparu immédiatement après.

Que le mariage, du reste, soit putatif unilatéralement ou bilatéralement, les enfants n'en ont pas moins droit à invoquer ce caractère pour se faire déclarer légitimes. A l'inverse, le conjoint du bigame n'a droit à la succession de ce dernier que s'il est lui-même de bonne foi.

Ces données générales exposées, nous allons reprendre une à une les diverses hypothèses précédemment examinées.

Le père est bigame. Nous avons vu tout à l'heure qu'en ce cas l'enfant était toujours, au point de vue légal, naturel simple. La bonne foi de l'un des conjoints transforme ici complétement sa position, et il est toujours légitime. Le mari bigame a deux femmes légitimes qui lui donnent toutes deux des enfants légitimes. Celui-là seul serait illégitime qui naîtrait plus de trois cents jours après l'annulation du mariage putatif, soit que l'autre subsistât encore, soit qu'il fût dissous. Mais ce n'est pas là une exception à notre règle, puisque cet enfant n'est pas le fruit du mariage putatif, mais d'un commerce illicite qui a survécu à l'annulation.

En somme, le second mariage, quoique nul, produit les mêmes effets que s'il était valable, et les conséquences que nous venons d'en déduire au point de vue de la légitimité se retrouvent identiques au point de vue de la légitimation.

Le bigame dont nous parlons a eu, supposons-le, des enfants de la femme qu'il épouse maintenant, avant son mariage avec la première. Ces enfants sont légitimés par le second mariage putatif comme ils le seraient par une union valable, et la légitimation est même applicable aux enfants nés pendant le premier mariage, pourvu que leur conception y fût antérieure (art. 341). A l'inverse, les enfants issus d'un commerce adultérin de leur père ne sont pas légitimés par le mariage putatif de celui-ci avec leur mère, et la raison en est bien simple, puisque ce second mariage, eût-il été parfaitement régulier, n'aurait pas produit ce résultat contraire à l'article 331.

Une question plus délicate est celle de savoir si l'enfant issu d'un commerce adultérin, mais né postérieurement à la célébration du mariage putatif, est susceptible de légitimation. Voici l'hypothèse : Pierre, marié avec Jeanne, entretient des relations avec Pauline. Il l'épouse, et trois mois après la célébration de ce mariage, nul, mais traité comme légitime à cause de la bonne foi de Pauline, un enfant vient au monde. Quel est le sort de cet enfant ? Le second mariage fût-il valable au lieu d'être putatif, la question se poserait dans les mêmes termes. Pierre marié avec Jeanne est l'amant de Pauline. Sa femme morte, il épouse immédiatement sa concubine qui trois mois après donne le jour à un enfant. Quelle est sa situation ?

Quelques auteurs, partant de ce principe que cet enfant, si on ne lui reconnaissait qu'un droit à la légitimation, devrait forcément être évincé ici pour cause d'adultérinité, se sont efforcés de le présenter comme légitime. Cette doctrine nous paraît absolument erronée et illogique, et voici nos raisons.

La filiation d'un enfant se caractérise de la même manière que le commerce charnel auquel il doit l'existence. C'est là une vérité qui a toute l'évidence d'un axiome, et à laquelle le législateur, malgré sa toute-puissance, hésiterait certainement à substituer une fiction mensongère. L'a-t-il fait cependant ? Non, assurément. On répète depuis des siècles le brocard juridique : *Infans conceptus pro nato habetur quoties de commodis ejus agitur:* mais personne n'a jamais dit : « *Infans natus pro concepto habetur, etc.* » Bien plus, l'art. 331, appréciant la filiation adultérine ou incestueuse, indique comme telle celle des enfants « nés d'un commerce incestueux ou adultérin » désignant ainsi clairement que le moment auquel il faut se reporter est celui de la conception. En serait-il donc autrement pour la filiation légitime? Pas davantage. L'art. 312 porte que : « L'enfant *conçu* pendant le mariage a pour père le mari » et se montre ainsi plus explicite en notre faveur que la maxime romaine dont il est la traduction : *Pater is est quem nuptiæ demonstrant.*

A ces arguments qu'oppose-t-on ? La rubrique du texte qui porte : « Des enfants légitimes ou nés dans le mariage. » Mais ce n'est pas là une objection. Outre que les rubriques ne font pas partie intégrante de la loi, à laquelle elles ne sont ajoutées souvent qu'au moment de la promulgation, celle-ci, à la prendre à la lettre, exclurait du nombre des enfants légitimes, ceux qui, conçus pendant le mariage, ne naissent qu'après sa dissolution. C'est dire qu'il ne faut y ajouter aucune importance.

L'art. 314 est invoqué à son tour, et de ses dispositions l'on conclut que l'enfant, conçu avant le mariage, est légitime, puisque c'est par l'action en désaveu que le mari doit agir contre lui. Mais l'action en désaveu qui s'applique en effet à tout enfant légitime ne peut-elle être intentée que contre eux ? C'est là ce qu'il faudrait démontrer avant d'arriver à la conclusion qu'on nous oppose. Le désaveu suppose la présomption de paternité et non la légitimité. C'est confondre deux choses bien distinctes que de voir l'une partout où est l'autre. De l'art. 314 il résulte que le mari est présumé père de l'enfant que sa femme met au monde après la célébration du mariage, fût-ce un peu trop prématurément, mais nous nous refusons absolument à y découvrir autre chose.

Un dernier argument résulte en notre faveur de la différence considérable qui existe entre l'action en désaveu, applicable à l'enfant conçu dans le mariage, et celle relative à l'enfant conçu auparavant. Pour faire triompher la première, le mari a des preuves directes à fournir : absence, empêchement physique de cohabitation, adultère de la femme, etc. (art. 312, 313). Ici, rien de semblable; il n'a qu'à rapprocher deux dates, celle du mariage et celle de la naissance. Si de ce calcul comparatif il résulte que celle-ci ait suivi celui-là de moins de cent quatre-vingts jours, l'illégitimité doit être déclarée, à moins qu'on ne se trouve dans un des trois cas spéciaux où la preuve est empêchée par une fin de non-recevoir. Ce n'est donc pas un désaveu véritable que celui-là; il ne se comporte pas comme l'autre. Aussi de la différence des deux actions est-il impossible de conclure, malgré leur appellation commune, à l'identité des situations qu'elles régissent.

Ainsi, l'enfant conçu avant le mariage n'est pas légitime. Il s'ensuit nécessairement qu'il est légitimé. Alors se place l'argument que nous avons entrevu déjà. Cette légitimation est impossible pour l'enfant de Pierre et de Pauline, issu d'un commerce adultérin (art. 331). Tel n'est pas notre avis. L'art. 331, sans être une disposition pénale, n'en a pas moins un caractère défavorable à l'enfant, et, de ce chef, n'est susceptible que d'une interprétation restrictive. Nous en inférons que sa prohibition n'est applicable qu'aux enfants dont il s'occupe en termes exprès, c'est-à-dire, aux enfants *nés hors mariage*. L'analogie ne suffit pas pour étendre aux autres une semblable disposition. Ce système est-il fondé? Nous le croyons à raison des considérations sur lesquelles nous l'appuyons. Bien plus, les règles relatives à la légitimation semblent cadrer on ne peut mieux avec lui. La légitimation ordinaire, celle des enfants nés hors mariage, se parfait par une reconnaissance suivie elle-même du mariage des père et mère. Quand il s'agit d'enfants adultérins, cette reconnaissance devient impossible aux termes de l'art. 335. De là, l'impossibilité de la légitimation.

Dans notre hypothèse, les choses se passent différemment.

La légitimation s'opère de plein droit, à la suite du mariage dont elle est un effet spontané. Cette situation, toute favorable à l'enfant, retourne contre ses adversaires les difficultés qu'il aurait eu à subir lui-même, s'il était né avant le mariage. Obligé, pour arriver à la légitimation, de dé-

montrer le vice de sa naissance, l'art. 335 l'arrêtait tout net. Légitimé sans preuve préalable, de
par l'autorité du législateur, ce sont ses adversaires qui, pour lui enlever ce bénéfice, sont obligés
de prouver sa filiation adultérine et de se heurter
ainsi à une impossibilité légale (art. 335-342).
La présomption de légitimation est aussi forte
ici que la présomption de légitimité et résiste,
comme elle, à une preuve d'adultérinité, qu'elle
empêche de se produire et de se développer.

Cette théorie a le double avantage de respecter
les principes et de sauvegarder, dans la même
mesure que la précédente, les intérêts des enfants.

Ce n'est pas à dire pourtant que les deux systè-
mes confondent toujours ainsi leurs résultats. La
légitimation dont nous nous occupons, pour être
traitée plus favorablement que la légitimation ordinaire, n'en reste pas moins une véritable légitimation, et, de ce chef, on peut la contester, sinon
pour en démontrer le vice, au moins pour en établir la fausseté, en prouvant que l'enfant qui en
excipe n'est pas en réalité celui du mari. L'action
intentée à cet effet n'est certainement pas admissible dans les trois cas exceptionnels où la loi en
refuse l'exercice au père lui-même : à savoir, quand
celui-ci a connu avant le mariage la grossesse de
sa future, quand il a assisté à l'acte de naissance
et signé cet acte, enfin, quand l'enfant n'est pas né
viable ; mais, en toute autre circonstance, elle
peut se produire avec succès de la part de toute

personne intéressée et de la part de l'enfant lui-même, suivant la règle de l'art. 339. Rien ne nous semble plus naturel. Nous comprenons que le désaveu proprement dit ne puisse être fait que par le mari, puisqu'il doit fournir à cette occasion des preuves relatives à des faits personnels, dont tout autre que lui est incapable. Mais ici, rien de semblable. Deux dates à rapprocher, et qui sont constatées l'une et l'autre par actes authentiques; voilà tout. Tout le monde peut administrer une preuve de ce genre. Rien ne s'oppose à ce qu'on l'admette.

Revenant maintenant à l'hypothèse qui a été pour nous le point de départ de cette longue discussion, nous déclarons susceptible de légitimation l'enfant issu du commerce adultérin de Pierre et de Pauline, mais né pendant le mariage de ces derniers, soit que ce mariage soit valable, soit que, nul en soi, il doive être considéré comme putatif.

Envisageons maintenant l'hypothèse où la bigamie est le fait de la femme.

La femme bigame, dont le second époux est de bonne foi, a deux maris légitimes, et ses enfants, par conséquent, appartiennent à tous deux au même titre, en vertu des présomptions de la loi. Pour ceux dont la conception se rapporte à une époque où existaient simultanément les deux mariages, le conflit est inextricable. Les deux présomptions agissent en sens contraire avec une égale intensité. Chacun des deux maris a le même droit opposable au droit égal de l'autre. Que décider? Il paraît que, parmi les vieux auteurs, certains, raisonnant ici comme on le fait en physique, et déduisant de l'équivalence parfaite des forces contraires, une immobilité absolue, refusaient à l'un et à l'autre le titre de père. D'autres, prenant le contre-pied de cette théorie, et poussant la logique jusqu'à l'absurde, le donnaient à tous les deux. Nous croyons, nous, que c'est le cas ou jamais de recourir en pareille occurrence aux tribunaux qui se décideront d'après les faits, et feront triompher, suivant les cas, l'une ou l'autre des présomptions.

Quant aux enfants dont la conception ne peut être attribuée qu'à un seul mariage, c'est celui des maris alors en possession de son titre qui est nécessairement le père légal.

Une difficulté, analogue à celle que nous venons d'aborder tout à l'heure, peut se présenter ici. Elle se résout naturellement d'après les mêmes principes. La femme bigame, après son second mariage, met au monde un enfant dont la conception remonte à l'époque où le premier seul existait. La théorie que nous avons combattue regardant cet enfant comme le fruit légitime du second mariage lui attribue nécessairement, et contrairement à la vérité des faits, la paternité du second mari. Pour nous, qui le regardons comme simplement légitimé, nous permettons au premier mari de contester cette légitimation et de revendiquer cet enfant comme le sien propre.

Après avoir déterminé l'influence du mariage putatif sur les enfants qui en sont issus, il ne nous reste plus qu'à faire en quelques mots la même étude sur l'influence qu'il peut avoir vis-à-vis des droits successoraux du conjoint d'un bigame.

Au cas où l'annulation du mariage précède l'ouverture de ces droits, aucune difficulté ne se produit. Le second conjoint ne peut élever aucune prétention puisque c'est l'existence actuelle du titre d'époux qui fonde le droit à la succession. La règle résulte évidemment du texte même de l'article qui parle du conjoint non divorcé, et qui, par cette mention aujourd'hui sans portée, nous révèle aussi clairement que possible l'esprit de la loi. Puisque le divorce fait tomber la successibilité réciproque, à plus forte raison en est-il de même de l'annulation.

On n'en peut dire autant de la seconde hypothèse, de celle où la mort précède l'annulation. Le deuxième conjoint a un droit indéniable et si bien établi que l'annulation même de son mariage ne saurait le faire tomber désormais, puisqu'avant comme après, il serait vrai de dire qu'il a été l'époux légitime du défunt, et jouissait de ce titre au moment de la mort. Ainsi, deux conjoints se trouvent en présence qui fondent sur la même qualité leur vocation héréditaire et dont les droits égaux sont nés simultanément. Nous ne voyons d'autre moyen de mettre un terme à leur rivalité que de les faire concourir ensemble comme deux héritiers du même degré.

Plus difficile est la réglementation des droits que le second conjoint de bonne foi tient de son contrat de mariage, si l'on suppose les deux époux successifs d'un bigame mariés sous le régime de la communauté, ou, ce qui revient au même, sans contrat. On a soutenu bien souvent que le second contrat ne devait être regardé que comme une société ordinaire. C'est une idée fausse. Le mariage putatif est légitime dans ses conséquences, tant au regard des biens qu'au regard des personnes, et les deux communautés existent parallèlement. Mais comment démêler ces intérêts qui s'enchevêtrent? A notre avis, la première femme, la femme légitime, doit prendre la moitié de la communauté, telle qu'elle existe au jour de la dissolution de son mariage, déduction faite, premièrement de l'apport de la seconde femme, qui doit être considéré, d'après l'art. 201, comme faisant partie d'une communauté distincte, et, en deuxième lieu, de la partie des acquêts qu'a produits cet apport. En l'absence de toute règle, et comme d'ordinaire les acquêts de communauté se distribuent en parts viriles et non proportionnelles, nous croyons devoir, pendant la période où ont coexisté les deux mariages, prélever, au nom de la seconde femme, un tiers des acquêts de cette communauté tripartite. Ainsi, la première femme prend la moitié de ce qui reste après cette double déduction. Quant à la seconde, elle prend la moitié d'une communauté composée de son apport, de celui du mari, et des acquêts dont il faut déduire un tiers au nom de la première femme. Le reste va au mari et se réunit à sa fortune personnelle, sur laquelle les deux femmes ont à faire valoir leurs droits à des indemnités.

CHAPITRE II

DÉLAI DE VIDUITÉ

La dissolution du premier mariage est la plus importante des conditions que la loi réclame pour autoriser la célébration du second. Aussi la règle qui l'exige, s'impose-t-elle, universelle et absolue ; elle régit tous les mariages et a toujours pour sanction la nullité. Nous devons en étudier une autre à présent, spéciale aux femmes, et que formule en ces termes l'art. 228 : « La femme ne peut contracter un second mariage qu'après dix mois révolus depuis la dissolution du mariage précédent. » Cette règle n'est pour ainsi dire qu'une extension de la précédente. L'empêchement, qui cesse pour l'homme à la dissolution du premier mariage, se prolonge pour la femme pendant dix mois encore. La raison en est évidente et résulte de la nécessité qui s'impose au législateur de prévenir toute confusion de part, *turbationem sanguinis*. Ce n'est pas là, du reste, le seul motif de notre règle, puisqu'elle ne souffre aucune exception, alors cependant que l'âge avancé de la femme ou son accouchement récent rendent absolument impossible le fait qu'elle a pour objet de conjurer. Elle s'impose au nom des convenances sociales, comme au nom de la morale publique, et consacre le devoir que ces convenances imposent à la veuve de ne point se remarier avec une trop grande précipitation.

Si générale que soit cette règle, elle ne nous semble pourtant pas applicable aux mariages nuls, si ce n'est pourtant, exceptionnellement, à ceux qui ont été contractés de bonne foi, et qui, assimilés aux mariages légitimes, en produisent tous les effets civils, au nombre desquels figure certainement l'observation du délai de viduité. Un mariage nul, après son annulation, doit être considéré comme n'ayant jamais existé légalement. L'apparence de légitimité qu'il tirait de sa célébration est perdue à jamais ; il n'y a pas plus de raison pour lui appliquer la règle de l'art. 228 qu'il n'y en a pour l'appliquer à un mariage inexistant ou même à un simple concubinage. Mais alors peuvent s'élever des conflits de paternité difficiles à trancher. Une femme, dont le mariage vient d'être annulé avec effet rétroactif, s'unit à un autre homme, et donne le jour à un enfant. Né plus de 180 jours après la célébration, il est l'enfant légitime du second mari, et nous n'avons pas à nous préoccuper ici de savoir si le premier mariage est annulé depuis moins de dix mois et si la présomption de l'art. 315 vient combattre celle de l'art. 312. Le premier mariage n'existe pas et n'a jamais existé. Cet enfant est donc le fruit légitime du second, et reste tel, à moins d'une action en désaveu.

Quant à celui qui naît avant le cent-quatre vingtième jour de la célébration, nous savons qu'il est regardé de plein droit comme l'enfant légitimé du second mari ; mais, sauf dans les trois cas exceptionnels dont parle l'art. 314, le premier conjoint peut en revendiquer la paternité naturelle, sans même qu'il soit besoin d'un désaveu préalable du second.

Voilà pour les mariages annulés. Que dire à présent des enfants qu'une veuve met au monde pendant son second mariage contracté en violation de l'art. 228 ?

La question se pose tout d'abord de savoir quel est le sort de ce second mariage. On a voulu le déclarer nul ; mais cette solution est fausse certainement.

Il y a dans le titre du mariage un chapitre exclusivement réservé à l'énumération des causes diverses de nullité. La violation du délai de viduité n'y figure pas, et ce serait ajouter à la loi

que d'attribuer le caractère dirimant à un empêchement qu'elle ne signale pas comme tel. Du
reste, cette nullité devrait-elle être absolue? devrait-elle être relative? et, dans ce dernier cas,
quelles personnes pourraient la proposer, et pendant combien de temps? Ce sont là tout autant
de questions impossibles à résoudre dans le système que nous combattons ou qui ne peuvent
être résolues que d'une façon arbitraire, c'est-à-
dire, contrairement à l'opinion universellement
admise qui considère le mariage comme régi
par des principes étroits, dans l'interprétation
desquels il faut suivre les textes de très près.

Aussi, affirmons-nous sans hésiter la validité
parfaite du mariage de la veuve célébré avant l'expiration du délai de viduité. Cette désobéissance à
la loi n'entraîne même contre les époux aucune
conséquence fâcheuse, mais seulement contre l'officier public que le Code pénal frappe d'une amende
de 16 à 300 francs, sans préjudice du châtiment
plus sévère qui l'atteindrait en cas de connivence
coupable avec les parties (C. p., art. 177, 146).

Revenons aux époux. Leur mariage est valable;
mais comment déterminer la filiation des enfants
qui naissent avant le terme du délai de viduité?
Il faut, suivant nous, distinguer deux hypothèses.

I. L'enfant naît dans les dix mois de la dissolution du premier mariage, et moins de cent quatre-
vingts jours après la célébration du second. Il se

trouve alors placé entre deux présomptions contraires, celle de l'art. 314, qui l'attribue, comme
légitimé, au second mari, et celle de l'art. 315 qui
l'attribue au premier comme légitime. Si nous
nous trouvons dans l'un des trois cas exceptionnels où le second mari est incapable de désaveu,
les deux présomptions sont alors d'égale force et
donnent lieu à un conflit qui ne peut être réglé
que par les tribunaux. En toute autre circonstance, l'enfant doit être regardé comme le fruit
du premier mariage. Il y a impossibilité absolue à le rattacher à un autre homme qu'au
premier époux dont la loi dans l'art. 315 affirme
la paternité. Entre deux présomptions incon-
ciliables, il faut nécessairement, à celle que la
loi déclare contestable, préférer celle qui n'est
pas susceptible d'être renversée par une preuve
contraire.

Dans une théorie cependant, soutenue par les
plus graves autorités, on soutient que le second
mari peut faire admettre ses prétentions; car,
dit-on, la présomption de l'article 315 n'est pas de
même nature que celle de l'art. 312 et, à la différence de celle-ci, peut être combattue par qui que
ce soit. Cette assertion nous semble fausse de tous
points, et complétement arbitraire.

« La légitimité de l'enfant né trois cents jours
après la dissolution du mariage, pourra être contestée. » Voilà ce que porte l'art. 315. Il s'ensuit
que cette légitimité est incontestable quand

l'enfant est né moins de trois cents jours après cette dissolution. Cet argument *a contrario* est parfaitement concluant, puisqu'il nous ramène à la règle générale.

On insiste en disant qu'il n'y a rien d'inadmissible dans le raisonnement d'un homme qui vient dire : Cet enfant, né trois cents jours après la mort du mari de sa mère, est à moi. Je l'ai engendré il y a deux cents jours. » Sans doute, cette prétention n'est pas absurde ; mais elle est illégale au même titre que celle d'un homme qui viendrait contester la filiation d'un enfant né deux cents jours après le mariage de sa mère, en disant qu'il l'a engendré lui-même, cinquante jours avant ce mariage. Il ne s'agit pas de savoir, dans le premier cas, si l'enfant a pu être conçu après le mariage, pas plus qu'il ne s'agit de savoir, dans le second, s'il a pu être conçu avant. La question est de savoir, dans l'une et l'autre hypothèse, s'il a pu être conçu dans le mariage ; et, une fois donnée la réponse affirmative, la légitimité est prouvée, et prouvée contre tous.

Ces considérations, qui nous font rejeter le système précédent, ne nous permettent pas non plus d'admettre celui de la jurisprudence, qui, regardant la présomption de l'art. 315 comme favorable à l'enfant, défend aux tiers de l'attaquer, tout en permettant à celui-ci de la répudier pour se faire attribuer une autre filiation plus avantageuse. Ce système mixte, qui n'a pas même pour lui la logique du précédent, ne saurait nous convenir. Ou

bien la présomption de l'art. 315 n'est pas identique à celle de l'article 312, et alors, susceptible
d'attaques de la part de l'enfant, elle doit l'être
aussi de la part des tiers; ou bien, comme nous
croyons l'avoir démontré, ces deux présomptions
sont égales en intensité et à l'abri de toute contestation.

II. L'enfant naît dans les dix mois de la dissolution du premier mariage, et plus de cent quatre-
vingts jours après la célébration du second. Le
raisonnement précédent n'est plus de mise ici
pour écarter le second mari; car il ne s'agit pas
d'un homme, venant combattre la présomption de
l'art. 315, en invoquant simplement la possibilité
légale de sa paternité, mais d'un homme qui à une
présomption oppose une autre présomption d'égale
force et tendant comme l'autre à la constatation
d'une filiation légitime. Et en effet, l'enfant est né
dans les dix mois de la dissolution, et, de ce chef,
appartient au premier mari (art. 315); mais il est
né aussi plus de cent quatre-vingts jours après la
célébration du second, et ainsi doit être attribué
au second mari (art. 312). Le conflit est inextricable,
et, comme tous ceux du même genre, nous pensons
qu'il faut le soumettre à la décision des tribunaux.

Terminons en faisant remarquer que toutes les
conclusions que nous venons de donner relativement à la veuve, s'appliquent également à la
femme qui se remarie après l'annulation d'un
mariage putatif, sans observer le délai de viduité.

CHAPITRE III

INCESTE

La troisième condition qui s'impose à celui qui veut convoler en secondes noces, c'est de ne pas prendre son nouveau conjoint parmi les personnes avec qui la loi lui interdit le mariage ; en d'autres termes, de ne pas commettre un inceste. Cet empêchement est, comme le premier dont nous avons parlé, commun à l'un et à l'autre sexe. A ce titre, il aurait pu trouver sa place avant le second, spécial aux femmes. Nous croyons cependant plus logique l'ordre que nous avons suivi ; ce n'est que lorsqu'on a la liberté du mariage, qu'on peut songer au choix du conjoint. De plus, les deux précédents ont entre eux une affinité qu'il est impossible de méconnaître, et le second n'est pour ainsi dire qu'un prolongement du premier, qui, vis-à-vis des femmes, se survit à lui-même pendant dix mois encore, après avoir perdu sa force à l'égard des hommes.

Supposons donc un homme, après la dissolution de son premier mariage, une femme, après l'expiration du délai de viduité. Il leur est loisible de se remarier, mais avec qui ?

Nous ne rencontrons plus chez nous, comme à Rome, des prohibitions politiques ou sociales. Les seuls empêchements qu'ait consacrés la loi moderne, ce sont les empêchements fondés sur la

morale, et s'imposant à tout législateur, qui dérivent de la parenté et de l'alliance.

Nous passons sous silence ceux qui sont produits par un commerce naturel. Parenté ou alliance, ils ne supposent pas nécessairement un
second mariage et sont tout aussi bien applicables
aux premiers. Il faut en dire autant de la parenté
adoptive et de l'espèce d'alliance qui s'établit
entre l'adopté et le conjoint de l'adoptant, comme
aussi entre l'adoptant et le conjoint de l'adopté
(art. 348).

Restent la parenté et l'alliance légitimes. En ce
qui touche la parenté, la prohibition qui s'oppose
au mariage d'un individu et de quelques-uns de
ses collatéraux doit être rangée, comme les précédentes, au nombre de celles dont nous ne nous occuperons pas, parce qu'elle est commune aux premiers et aux seconds mariages. Mais il n'en faut
pas dire autant de la parenté en ligne directe et de
l'alliance, soit directe, soit collatérale.

De celles-là, nous devons en parler, car les prohibitions qui en résultent ne sont susceptibles
d'intervenir qu'entre futurs, dont l'un, au moins,
a déjà été marié. C'est le cas d'un ascendant qui
veut épouser sa descendante, ou inversement ;
c'est également le cas d'un allié qui veut épouser
son alliée.

Donc, en ligne directe, le mariage est prohibé
entre tous les ascendants et descendants légitimes
(art. 161). Cette prohibition se justifie d'elle-même,

et Portalis à raison de s'écrier, dans l'exposé des motifs, que l'union d'un ascendant et de son descendant « ferait horreur. » Voilà pour la parenté. Voici pour l'alliance.

En ligne directe, le mariage est prohibé entre tous les alliés (art. 161). C'est la même règle que la précédente. Un beau-père ne peut pas plus épouser sa bru, qu'un père, sa fille. Les motifs, pour n'être pas aussi graves que dans l'hypothèse précédente, sont cependant très-sérieux. Ne serait-ce pas outrager scandaleusement les convenances que d'autoriser de telles unions?

En ligne collatérale, le mariage est prohibé entre le beau-frère et la belle-sœur seulement (art. 162).

Tous les empêchements que nous venons d'énumérer ne produisent leur effet que lorsque le premier époux du futur qui convole est décédé. Auparavant, c'est l'existence même de ce premier mariage qui formerait obstacle au second.

Quand un mariage est annoncé entre deux personnes parentes ou alliées au degré prohibé, l'opposition est admissible contre lui de la part de tous ceux auxquels nous avons précédemment reconnu ce droit. En cas de célébration illégale, chacun des intéressés peut en réclamer la nullité, comme nous l'avons vu pour la bigamie, sauf aux époux à faire attribuer, s'il y a bonne foi, à leur union le caractère de mariage putatif.

Les enfants qui sont le fruit de ce mariage, sont incestueux. Mais si tel est le fait, le droit ne le consacre pas.

Que l'un des époux, en effet, soit de bonne foi, et les enfants sont légitimes (art. 201, 202) ou du moins légitimés, si, conçus avant le mariage, ils sont nés après la célébration (1). Que le mariage, au contraire, soit annulé avec effet rétroactif, il n'a pu produire alors ni légitimation, ni légitimité. Quant à l'acte de naissance, nous avons déjà vu qu'il est sans valeur, soit comme acte de naissance, puisqu'il s'agit d'enfants illégitimes, soit comme acte de reconnaissance, puisqu'il s'agit d'enfants incestueux (art. 319, 335).

Les effets du mariage incestueux peuvent être prévenus, dans certains cas du moins, par faveur spéciale du chef de l'Etat, auquel la loi donne le pouvoir « de lever pour des causes graves, les prohibitions portées aux mariages entre beaux-frères et belles-sœurs » (art. 164).

La demande de dispenses, adressée au procureur de la République de l'arrondissement où doit se contracter le mariage, est envoyée par lui, avec son avis personnel, au ministre de la justice sur le rapport duquel statue le chef de l'Etat. L'arrêté du gouvernement une fois enregistré au greffe, à la diligence du procureur de la République et sur ordonnance du Président, une expédi-

____

(1) Leur légitimation n'est pas plus attaquable que celle des enfants adultérins, puisqu'ils ne sont pas nés « hors mariage. »

tion en demeure annexée à l'acte de mariage.
(Arrêté du 20 prairial an XI.)

L'obtention des dispenses rend possible le mariage qui sera à tous égards valide et régulier. Mais ont-elles un effet rétroactif et peuvent-elles légitimer après coup un mariage déjà célébré ? Nous ne le croyons pas, puisque les textes ne mentionnent pas cet effet et que les principes généraux y sont contraires. Le mariage incestueux est entaché d'une nullité absolue, proposable par tous les intéressés et insusceptible de prescription (art. 184). Ce serait la faire dégénérer en nullité relative que d'enlever aux ayants-droit leur action, après l'obtention des dispenses. Le chef de l'Etat est donc impuissant à effacer le vice initial d'un mariage incestueux ; il ne peut que rendre possible une célébration nouvelle à la suite de laquelle commence un nouveau mariage régulier.

Que dire cependant des enfants issus du commerce incestueux d'un beau-frère et d'une belle-sœur, et dont les père et mère contractent après leur naissance un mariage régularisé par des dispenses ? Ces enfants sont inhabiles à toute légitimation, aux termes mêmes de l'art. 331. Dira-t-on que cette disposition ne peut s'appliquer à l'inceste imparfait dont une dispense fait disparaître le vice, nous demandons alors quel est le sens de l'article. En repoussant la légitimation des enfants incestueux, il suppose, à coup sûr, la possibilité du mariage entre les père et mère, et vise précisément ainsi l'inceste imparfait qui nous occupe. Quoi donc ! il y aura, dans la même famille, des enfants, issus des mêmes parents, dont les uns, fruits du mariage, seront légitimes, et les autres, nés avant, seront incestueux ! La conséquence, il est vrai, est bizarre et rigoureuse. Mais des considérations de ce genre ne sauraient prévaloir contre un texte formel. *Dura lex, sed lex.*

Ne pourrait-on pas du moins adoucir cette sévérité en faveur des enfants nés après l'obtention des dispenses ? C'est impossible encore, et la chose va sans difficulté pour ceux dont la conception est antérieure à ces dispenses, bien que leur naissance soit postérieure, car l'art. 331 nous montre qu'il faut pour qualifier un enfant incestueux, s'attacher au moment de sa conception, exclusivement à tout autre. Quant à ceux qui sont à la fois conçus et nés après l'obtention des dispenses, quoique avant le mariage, la question est plus délicate, et la cour de Grenoble l'a résolue, le 8 mars 1838, dans un sens favorable à l'enfant, « attendu, dit-elle, que les père et mère se sont trouvés, par le seul fait de l'autorisation insérée au décret, dans la position commune à tous les citoyens, celle de pouvoir contracter mariage et donner le jour à des enfants légitimes, et que l'enfant, né postérieurement à cette autorisation, n'a plus été considéré, aux yeux de la loi, que comme un simple enfant naturel, né avant le mariage et susceptible de recevoir le bienfait de la légitimation par le mariage subséquent de ses père et mère. » On ne saurait nier la valeur de ce raisonnement, parfait au point de vue logique. Mais il a un grave défaut, c'est d'être diamétralement contraire à l'esprit de la loi. Comment! les dispenses n'auraient d'autre effet que d'autoriser le concubinage, en le dépouillant de son caractère incestueux! On se jouerait ainsi de l'autorité et l'on ferait servir ses faveurs à la consécration d'un commerce scandaleux. Une pareille idée est impossible à admettre. Il faut absolument, pour que l'enfant dont nous parlons soit légitime, qu'il soit issu du mariage de ses auteurs. Nous ne faisons d'exception que pour celui qui naît dans les cent quatre-vingts premiers jours du mariage et dont la conception, antérieure à la célébration, semblerait tout d'abord empêcher la légitimation subséquente. D'après nous, ainsi que nous l'avons exposé déjà, la prohibition de l'art. 331 ne s'applique qu'aux enfants « nés hors mariage, » et tel n'est pas notre cas.

Nous venons d'énumérer les trois empêchements qu'opposent aux seconds mariages l'existence actuelle d'une première union, l'observation du délai de viduité, et enfin les liens de l'alliance et de la parenté. Ce sont les seuls que consacre la législation française. Le droit romain, nous l'avons vu, était plus sévère; il empêchait une veuve d'épouser son ravisseur; une femme adultère, son complice. De ces deux empêchements, le rapt et l'adultère, le Code civil ne reconnaît pas le premier, et le Code pénal, qui châtie l'enlèvement des mineurs, laisse impuni celui de la veuve, puisque, émancipée par son mariage, cette dernière ne peut jamais se trouver en état de minorité légale (C. p., art. 354, 357) (1). Quant à l'adultère, au temps du divorce, il s'opposait au mariage des deux coupables (art. 298), quand le divorce avait été prononcé pour cette cause. Aujourd'hui cet obstacle n'existe plus, et rien n'empêche un époux adultère d'épouser son complice, après la mort de son conjoint.

La législation du divorce consacrait encore deux autres empêchements. Dans le cas de divorce par consentement mutuel, les époux ne pouvaient jamais se réunir (art. 295). Bien plus, chacun d'eux devait attendre trois ans avant de contracter une nouvelle union (art. 297). Ces deux empêchements ont subi le même sort que le précédent.

Nous arrivons maintenant à la seconde partie de notre étude, où nous nous occuperons des effets des seconds mariages.

---

(1) L'enlèvement accompagné de violence peut, de ce chef, amener la nullité du mariage qui l'a suivi (art. 150).

DEUXIÈME PARTIE

EFFETS DES SECONDS MARIAGES

Les seconds mariages produisent en principe les mêmes effets que les premiers. Mais le législateur a cru devoir pourtant, en maintes occasions, déroger à ce principe, et la cause à peu près unique de ces dérogations nombreuses, c'est l'intérêt des enfants du premier lit. Nous ne répèterons pas ici les observations que nous avons présentées déjà à l'occasion des réformes introduites à ce sujet par les empereurs chrétiens dans la législation romaine. Qu'il nous suffise de dire que le droit français a hérité d'un grand nombre des règles en vigueur à Rome et que l'analogie des deux législations ne se montre nulle part plus sensible qu'ici.

CHAPITRE PREMIER

EFFETS SUR LA LÉGITIMATION

La filiation des enfants issus d'un second mariage est soumise aux mêmes règles que celle des autres, et, si nous avons rencontré précédemment nombre de difficultés sérieuses à ce sujet, elles provenaient moins, à les bien considérer, du second mariage lui-même, que des circonstances spéciales au milieu desquelles il s'était produit, soit bigamie, soit inceste, soit même violation du délai de viduité.

Il n'en va pas ainsi de la légitimation, à propos de laquelle nous trouvons une règle spéciale à notre matière et dont nous avons déjà bien souvent parlé. Elle est écrite dans l'art. 331 et prohibe la légitimation de l'enfant issu d'un commerce adultérin. Nous venons de dire qu'il fallait, pour appliquer cette règle, supposer un second mariage. Ce n'est pas qu'un célibataire ne puisse avoir un enfant adultérin. Rien ne serait plus faux. Il peut même arriver qu'un homme et une femme, contractant ensemble un premier mariage, aient, chacun de son côté, des enfants adultérins, les uns, engendrés par l'homme avec une femme mariée, les autres, conçus par la femme des œuvres d'un homme marié. Mais, dans une hypothèse pareille, notre règle ne trouve pas à s'appliquer. Il ne peut être question pour ces enfants de légitimation, non parce qu'ils sont adultérins, mais parce que, pour ceux de l'homme, la future de leur père n'est pas leur mère, et que, pour ceux de la femme, le futur de leur mère n'est pas leur père. On peut bien supposer, il est vrai, que le mari reconnaîtra les enfants de sa femme, et la femme, ceux de son mari ; mais il y aurait là une fraude susceptible d'être attaquée par toute personne intéressée et par les enfants eux-mêmes (art. 339).

En somme, il faut pour donner à notre règle

l'occasion de se produire, supposer qu'un homme s'unit à la femme avec laquelle il a entretenu jadis un commerce adultérin, soit qu'elle fût mariée, soit qu'il le fût lui-même, soit qu'ils le fussent tous les deux.

Supposons que c'est l'homme qui a été marié. Le bénéfice de la légitimation est refusé par la loi aux enfants que cet homme a eus de sa concubine, pendant son premier mariage, en ne tenant compte, bien entendu, que du moment de la conception.

Il y a légalement, dans toute gestation, un délai de cent vingts jours à chaque moment duquel il est possible de rapporter cette conception, et qui se compte en remontant depuis le cent quatre-vingtième jour qui a précédé la naissance jusqu'au trois-centième. Un homme marié peut ainsi reconnaître et légitimer dans la suite l'enfant qui naît d'une autre femme que la sienne, le trois centième jour de son mariage, comme aussi celui qui naît le cent quatre-vingtième jour après la mort de sa femme. Dans chacun de ces cas, la naissance peut être reportée au moment où le père n'était pas encore ou n'était plus marié ; elle n'est, par conséquent, entachée d'aucun vice. Quant à l'époque intermédiaire, c'est un *tempus vetitum*. Il lui est impossible de s'avouer le père d'un enfant né pendant ce délai de toute autre femme que la sienne, et ainsi, de le légitimer (art. 335-342, 331).

Mais il faut nous rappeler que la légitimation des enfants adultérins n'est prohibée que lorsqu'ils sont nés hors mariage. Si donc un enfant est mis au monde par l'ancienne concubine de son père, devenue aujourd'hui sa femme, la naissance de cet enfant, pourvu qu'elle se produise dans le second mariage, fût-ce moins de cent quatre-vingts jours après la dissolution du premier, entraîne en sa faveur une présomption de légitimation qui ne peut tomber devant la preuve de son adultérinité.

Supposons maintenant qu'une veuve épouse en secondes noces l'homme qui a été son amant. Les enfants nés de leur commerce, soit avant le premier mariage de la femme, soit plus de trois cents jours après sa dissolution, se trouvent ainsi légitimés, les premiers directement et sans difficultés, et les seconds, que l'art. 315 rattache encore au premier mari, malgré la tardivité de leur naissance, à la suite d'une action en contestation de légitimité, qui triomphera certainement. Nous en dirons autant des enfants nés après le premier mariage de leur mère, moins de cent quatre-vingts jours après sa célébration. Rien n'empêche le père véritable de revendiquer sa paternité, aux termes de l'art. 319, et de faire tomber la présomption qui milite en faveur du mari, si ce n'est pourtant dans les trois cas exceptionnels mentionnés par l'art. 314.

Restent les enfants que protégent les présomptions légales des art. 312 et 315, c'est-à-dire tous ceux qui sont nés depuis le cent quatre-vingtième jour du mariage jusqu'au trois centième jour après sa dissolution. Ceux-là, si le premier mari ne les désavoue pas, sont réputés par la loi enfants légitimes du mariage, sans qu'il soit possible à qui que ce soit de contester cette filiation. Mais s'il les désavoue, qu'arrive-t-il ? On enseigne d'ordinaire qu'ils doivent être alors regardés comme adultérins et insusceptibles de légitimation. Nous sommes bien tenté de contester cette solution, au moins pour quelques-uns d'entre eux, et voici comment nous raisonnons :

L'enfant né dans les trois cents jours de la dissolution du mariage est réputé enfant légitime du mari et ne peut-être, suivant nous, l'objet d'aucune attaque, si ce n'est de la part des héritiers de ce mari, agissant en désaveu. Supposons le désaveu prouvé. La présomption de paternité du mari tombe aussitôt, et, par voie de conséquence, se trouve établie l'adultérinité de l'enfant. Eh! bien, cette conséquence, incontestable quand la conception remonte nécessairement à une époque antérieure au décès du mari, nous semble, dans le cas contraire, susceptible de contestation. On a prouvé contre un enfant, né deux cents jours après la dissolution du mariage, qu'il n'appartenait pas au mari de sa mère. Il soutient à son tour qu'engendré il y a 190 jours seulement, il peut aspirer au bienfait de la légitimation. Pourquoi non?

Son raisonnement ne nous paraît en aucune façon choquer les principes. Non désavoué, cet
enfant ne pouvait réclamer aucune autre filiation
que celle à lui attribuée par la loi; mais, après
le désaveu, tout change. Au lieu de subir, en place
de sa filiation légitime disparue, une filiation adultérine, il y substitue une filiation simplement naturelle. N'en a-t-il pas le droit, et ne peut-il pas,
pour son plus grand intérêt, placer sa conception
dans l'un des 120 jours où la loi la répute possible ?

Si cet argument est fondé, et telle est notre
conviction, il nous entraîne logiquement à admettre une théorie analogue, ou plutôt à faire à une
hypothèse semblable une deuxième application
de notre théorie. Au lieu de supposer un enfant
né dans les 300 jours de la dissolution du mariage,
supposons-le né dans les 300 jours de sa formation. Désavoué par son père, cet enfant est adultérin. Tel est le sentiment général. Nous pensons,
au contraire, en nous appuyant sur les motifs précédents, qu'il peut prétendre à une filiation simplement naturelle, et, par suite, à une légitimation
possible dans l'avenir par le mariage de son père
avec sa mère devenue veuve. Pourquoi restreindre,
par défaveur pour l'enfant, la liberté qu'il a de
choisir, au mieux de ses intérêts, le jour de sa conception, dans la série légale? Il avait choisi d'abord,
ou plutôt le législateur avait choisi pour lui, un
jour postérieur au mariage, afin de lui attribuer

une filiation légitime. Le désaveu survenant, ne serait-il pas illogique et contraire à l'esprit de la loi d'imposer à cet enfant la souillure de l'adultérinité par application d'un texte qui n'a en vue que ses intérêts?

CHAPITRE II

EFFETS SUR LA PUISSANCE PATERNELLE

La puissance paternelle est organisée par le Code civil de manière à rendre plus facile et en même temps plus féconde en résultats heureux la tâche que la nature impose aux parents d'élever leurs enfants et de leur enseigner la vie.

Les effets principaux de cette puissance sont, d'une part, le droit qui compète aux parents de garder leur enfant, soit en le retenant chez eux, soit en lui assignant ailleurs une résidence obligée, et, d'autre part, le droit qu'ils ont de le corriger, en appelant à leur aide, s'il en est besoin, l'autorité publique. En dédommagement de leurs soins et comme récompense de leurs peines, ils sont usufruitiers des biens personnels de leurs enfants. Le second mariage d'un père ou d'une mère laisse intact en ses mains le droit de garde. Il n'en est pas de même du droit de correction ni du droit d'usufruit.

SECTION PREMIÈRE

DROIT DE CORRECTION

Le droit de correction consiste dans la faculté donnée aux parents, lorsqu'ils ont contre leur enfant mineur des sujets de mécontentement très-graves et que le joug de la discipline domestique est impuissant à le dompter, de le faire détenir dans une maison de correction, ou ailleurs, avec le concours de la force publique (1). C'est le père seul qui, pendant le mariage, exerce ce droit, comme dépositaire principal de la puissance paternelle (art. 371). Deux voies lui sont ouvertes à cet effet : la voie d'autorité et la voie de réquisition. Par la première, il demande au président du Tribunal de son arrondissement un ordre d'arrestation que celui-ci est forcé de délivrer sans pouvoir en modifier la durée (2), sans même pouvoir en exiger les motifs (art. 376). Par la seconde il n'a plus que le droit de s'adresser au président qui, après en avoir conféré avec le

(1) Les mots « dans une maison de correction » ont été supprimés dans le projet du Code, sur la proposition du consul Cambacérès, après un échange d'observations entre le consul Lebrun et M. Bigot-Préameneu (Fenet, X, p. 569). Toute latitude est laissée par conséquent tant aux parents pour réclamer qu'aux magistrats pour désigner le lieu de la détention. Aux termes d'un décret du 30 septembre 1807, art. 3, les dames du Refuge de Saint-Michel sont autorisées à recevoir dans leur maison les femmes de mauvaise vie qu'y envoient la police ou les parents. À Paris, on enferme les garçons à la Roquette ; à Lyon, à la maison spéciale d'Oullins.

(2) En aucun cas, cette durée ne peut excéder un mois (art. 376).

procureur de la République, se décide d'après les motifs allégués, refusant l'ordre ou l'accordant, et, dans ce dernier cas, modifiant à son gré la durée de la peine (art. 377).

On voit que le législateur accorde au père, dans le premier cas, un pouvoir sans contrôle, un pouvoir absolu. Aussi, faut-il entourer de garanties l'exercice de ce pouvoir, et voilà pourquoi le père en est désinvesti, quand son enfant a plus de seize ans, possède des biens personnels ou exerce un état, enfin, quand il est lui-même remarié (art. 377, 380, 382). Dans tous ces cas, c'est par réquisition qu'il doit nécessairement procéder, et le motif spécial au père qui convole, c'est, suivant l'expression de M. Réal, dans la présentation du projet au Corps législatif, que la loi ne lui suppose plus alors « la même tendresse, ni la même impartialité » (Fenet, X, p. 420).

Envisageons maintenant l'hypothèse où c'est la mère qui se remarie.

La mère, quand c'est à elle qu'il appartient d'exercer la puissance paternelle, soit après la mort de son mari, soit par suite d'un empêchement quelconque de celui-ci, ne peut jamais user de la voie d'autorité. Il ne lui est même permis de prendre la voie de réquisition qu'avec le concours des deux plus proches parents paternels de l'enfant (art. 381).

Tel est pour elle le droit commun.

En cas de secondes noces, les choses vont plus

simplement encore, et le droit de détention disparaît complétement (art. 381). Le législateur a craint qu'un second mari, hostile à l'enfant, ne pût trop facilement abuser de l'autorité conjugale pour exciter la mère à réclamer sa détention. Le meilleur moyen d'entraver les effets de ce mauvais vouloir, c'était de lui enlever toute occasion de se produire. C'est ce qui a été fait.

Jusqu'ici les textes sont clairs et ne donnent lieu à aucune controverse; mais une question s'élève ici, qu'ils n'ont pas prévue, et à laquelle on a donné deux réponses contradictoires. Le convolant devient veuf une seconde fois. Recouvre-t-il ses droits antérieurs ? Homme, peut-il agir par voie d'autorité, femme, par voie de détention ? La loi est équivoque et peut s'interpréter dans les deux sens. Les uns prétendent que l'époux « remarié, » dont parlent les art. 380 et 381, ne peut être que l'individu actuellement engagé dans les liens d'un second mariage; les autres affirment que, pour être deux fois veuf, on n'en est pas moins remarié (1). Ces arguments nous semblent à peu près d'égale force, et, en tout cas, de minime importance, car ils ne reposent que sur une interprétation grammaticale susceptible de trahir, après tout, la pensée du législateur. Cette pensée nous semble

(1) Chose curieuse! les travaux préparatoires nous montrent la même expression reparaissant sans cesse, soit dans le rapport de M. Réal au Corps législatif, soit dans celui de M. Vesin au Tribunal, soit dans le discours de M. Albisson. On n'a pas employé une seule fois un synonyme qui aurait pu révéler l'esprit de la loi.

devoir être recherchée plutôt dans les motifs mêmes de notre règle, qui a pour objet de conjurer l'influence d'un second époux et qui, par conséquent, doit survivre à la dissolution du mariage, comme cette influence même. Ce n'est point le cas de dire ici : *Cessante causâ cessat effectus.* Le mariage une fois dissous, l'époux survivant n'en continue pas moins à s'inspirer des idées du défunt; il arrive même souvent que l'obéissance est plus scrupuleuse et plus complète après la mort que pendant la vie.

Du reste, nous allons voir tout à l'heure que l'usufruit légal de la mère cesse pour elle dans le cas d'un second mariage, sans pouvoir réapparaître jamais. Ne serait-il pas quelque peu illogique d'attribuer à ce convol un effet différent sur chacun des deux éléments de la puissance paternelle affectés par lui? Ne vaut-il pas mieux, au contraire, donner dans les deux cas la même solution?

Ce n'est pas à dire cependant que l'enfant d'une femme remariée soit à l'abri de tout châtiment et puisse abuser de la situation qui lui est faite. S'il a un tuteur, en effet. ce tuteur peut, après autorisation du conseil de famille, provoquer sa réclusion par voie de réquisition au président du tribunal (art. 468); si la mère est tutrice, elle jouit du même droit. Il semble bizarre qu'on lui attribue, à titre de tutrice, le droit dont on l'a dépouillée comme mère, surtout quand on considère que le second mari, dont on a voulu paralyser l'influence occulte, aura le droit et le devoir, en qualité de cotuteur, de provoquer avec sa femme l'ordre de détention (art. 396-468). La distinction a pourtant sa raison d'être ; car, en notre hypothèse, la mère et son nouveau mari ne peuvent agir qu'après autorisation préalable du conseil de famille. Ce conseil sera juge des motifs allégués et prononcera sur leur valeur. Il y a bien des probabilités pour que l'autorisation, donnée en ces circonstances, ne soit ni arrachée par erreur ni surprise par mauvaise foi.

SECTION II

USUFRUIT LÉGAL

« Le père, durant le mariage, et, après la dissolution du mariage, le survivant des père et mère, auront la jouissance des biens de leurs enfants, jusqu'à l'âge de dix-huit ans accomplis ou jusqu'à l'émancipation qui pourrait avoir lieu avant l'âge de dix-huit ans. » Tel est l'art. 384.

Le convol d'un homme qui a des enfants ne change rien à cet état de choses. Après comme avant, son droit reste le même. Mais il en est autrement de la femme veuve. Dès qu'elle se remarie, elle perd son usufruit légal (art. 386). Cette déchéance ne rétroagit pas dans le passé, mais elle s'impose dans le présent, à dater du jour du convol.

Quelle est la raison de cette déchéance et pourquoi ne frappe-t-elle que la mère ? M. Réal, dans son rapport au Corps législatif, l'explique ainsi : « Quelques motifs parlaient en faveur des mères qui ne se marient que pour conserver à leurs enfants l'établissement formé par leur père ; mais cette exception ne peut effacer l'inconvenance qu'il y aurait à établir en principe que la mère peut porter dans une autre famille les revenus des enfants du premier lit, et enrichir ainsi son époux à leur préjudice. »

Le motif est sérieux en effet. Mais ne s'applique-t-il pas au mari comme à la femme, et celui-ci, obligé d'entretenir sa nouvelle famille, ne pourra-t-il pas, en certaines circonstances, consacrer dans une trop large mesure à cet entretien les revenus propres de ses enfants ? Sans doute, mais cette crainte n'est pas suffisante pour faire enlever au père une faculté de droit commun. Vis-à-vis de la femme, au contraire, c'est toute autre chose. Ce n'est pas elle qui a l'administration de sa fortune et encore moins la disposition de ses revenus, si ce n'est pourtant sous le régime de la séparation de biens où le droit du reste existe moins pleinement en pratique qu'en théorie. Eh ! bien, il n'est vraiment pas possible de confier à un parâtre le soin d'employer sans contrôle les revenus de ses beaux-fils et belles-filles, et le tribun Albisson avait raison de qualifier la disposition de l'art. 386 en disant qu'elle était « pleine de moralité et de prévoyance. »

L'extinction de la jouissance maternelle est-elle perpétuelle ? La mère redevenue veuve reconquiert-elle ses droits ? Nous faisons à cette question la réponse que nous avons déjà faite à propos du droit de correction, et, cette fois, sans hésitation aucune. En cas de second mariage la jouissance cesse. Voilà ce que dit le Code. Il n'indique pas une interruption, mais une cessation, et, comme il n'ajoute pas que cette jouissance reprend son cours après la dissolution du second mariage, il est impossible de soutenir cette opinion sans altérer manifestement la loi.

SECTION III

EFFETS D'UN MARIAGE NUL

Un second mariage, pourvu qu'il existe, produit toujours les effets que nous venons d'étudier, parce que, fût-il nul, il doit être, jusqu'au jour de son annulation, considéré comme valable. A partir de ce jour les choses changent. S'agit-il d'un mariage putatif, les conséquences produites subsistent toujours, puisqu'un tel mariage produit les effets civils d'une union légitime. S'agit-il au contraire d'un mariage nul contracté de mauvaise foi, ces conséquences disparaissent

rétroactivement comme la cause qui les a produites.

Telle est notre théorie qui présente ce résultat
bizarre d'un époux de mauvaise foi préservé par
cette mauvaise foi elle-même des déchéances qui
l'auraient atteint en cas de bonne foi. Frappés de
cette conséquence, nombre d'auteurs ont voulu,
pour épargner au législateur ce qu'ils appellent
une exception aussi inique qu'inconséquente, soutenir que le mariage de mauvaise foi produisait
sur la puissance paternelle, et, notamment, sur
l'usufruit légal, le même effet que le mariage
putatif.

Cette opinion nous paraît insoutenable et nous
la repoussons. Outre que les principes de la nullité ne permettent pas de prétendre, après l'annulation, qu'il y a eu un second mariage, il faut considérer que les dispositions des art. 380, 381, 386
sont, jusqu'à un certain point, des dispositions
pénales et qu'il n'est pas permis d'en étendre, par
analogie, l'interprétation. Objecte-t-on que cette
nullité ne doit pas plus empêcher les pénalités
civiles, qu'elle n'empêche la condamnation à la
peine de la bigamie, nous répondons qu'une distinction est nécessaire. Celui qui contracte successivement deux mariages, encourt les peines
de la bigamie, le second fût-il nul. Mais ce n'est
pas une bigamie qu'on châtie alors, c'est une tentative de bigamie. Le crime lui-même n'existe pas
ici, faute d'un élément essentiel. Telle est la réfu-

tation victorieuse qu'on peut opposer à l'argumentation précédente, proposée par MM. Aubry et Rau. M. Demolombe a repris la même théorie en essayant de la justifier autrement. Le mariage annulé rétroactivement, dit-il, subsiste toujours comme un fait, et produit, comme tel, des effets juridiques. Nous ne voyons là qu'une négation hardie, mais dénuée de preuves, du principe posé dans l'art. 201, qui n'attribue d'effets juridiques qu'au mariage putatif. Quand la loi déclare un contrat annulé, et annulé rétroactivement, pourquoi le fait-elle, sinon pour empêcher les conséquences d'un fait qu'elle ne peut détruire ? Voyez, du reste, le vice du raisonnement. Après avoir posé la règle, voici que l'auteur précité y fait une exception pour le cas où le consentement est arraché par violence à l'époux convolant. Alors, dit-il, on ne pourrait lui objecter qu'il savait à quelles conséquences son mariage l'exposait et qu'il a volontairement abdiqué ses droits. Certes, la décision nous semble excellente; mais est-elle logique? Est-ce que, dans ce cas, comme dans tous les autres le mariage ne subsiste pas, après son annulation. comme un fait indestructible? et la déchéance ne doit-elle pas, suivant la règle précédente, se produire ici comme ailleurs, à titre de conséquence nécessaire d'un fait subsistant?

Un dernier argument est donné par M. Demolombe, relatif, celui-là, à la seule jouissance légale qui doit, suivant lui, s'éteindre toujours, parce

que dans le mariage nul comme dans le mariage putatif, c'est au second mari que revien-
drait la libre disposition des revenus de ses
beaux-fils et belles-filles.

Entendons-nous. Nous avons déjà dit que, jusqu'à l'annulation, la mère ne peut exercer sa
jouissance. La réclamation ne se produira ainsi
qu'après l'annulation, c'est-à-dire, lorsque son second mari n'aura plus sur elle ni sur sa fortune
aucun droit.

En résumé, nous ne voyons pas de bonne raison
pour repousser les prétentions de la mère qui
vient, après l'annulation de son mariage, demander, non pas à recouvrer sa jouissance, mais à
exercer de nouveau cette jouissance qu'elle n'a
jamais perdue. Elle reprend donc sa situation antérieure, et, pour l'avenir, il n'y a là aucun inconvénient. Mais pour le passé, que dire? Sera-t-elle
fondée à réclamer tous les revenus qu'a produits,
pendant la durée de son mariage apparent, la fortune de ses enfants? Non, assurément. La jouissance légale a des charges énumérées dans l'article 385. Si l'exécution de ces charges a absorbé les
revenus entiers, la mère ne peut rien réclamer,
puisqu'elle aurait été obligée de les consacrer,
elle, au même emploi. S'il y a un excédant, c'est
là ce qu'elle peut prendre, car c'est là ce qu'elle
aurait pu s'approprier dans l'exercice normal de
son droit.

Et pourtant cet excédant a dû être capitalisé par

le tuteur (art. 455-456) ; ce ne sont plus des revenus. L'argument est subtil, mais trompeur. Le droit de la mère préexistait à la capitalisation et n'a pu être modifié par elle. Mais ce que nous admettons très bien, c'est que, si la nullité du mariage a été prononcée plus de cinq ans après sa célébration, la mère ne puisse prendre que l'excédant des cinq dernières années, et soit repoussée pour le reste par la prescription (art. 2277). Il n'y a pas à invoquer ici la règle : « *Contra non valentem agere non currit præscriptio.* » La mère en effet pouvait agir. L'exception qu'on aurait opposée à sa demande n'était qu'apparente et serait tombée sur la preuve par elle faite de la nullité de son union.

Parmi les adversaires que nous venons de combattre, il en est qui, non contents d'appliquer au mariage nul les déchéances de notre titre, les appliquent encore au simple concubinage. Si cette deuxième conséquence était juste, il en serait de même *a fortiori* de la première; mais inversement, si la première est fausse, comme nous croyons l'avoir démontré, cette dernière l'est encore davantage. Le droit romain, il est vrai, assimilait, pour leur infliger les mêmes déchéances, la femme qui vit dans la débauche à la femme qui se remarie; *non enim aliquid amplius habebit castitate luxuria.* Notre vieux droit coutumier consacrait aussi cette doctrine. « La garde noble finit pour cause de débauche publique à l'égard d'une gardienne. »

(Pothier, Cout. d'Orléans. *Introd. au tit. des fiefs*, n° 346.) Mais le Code civil ne l'a pas fait et les solutions anciennes ne sont dès lors plus admissibles (1).

CHAPITRE III

EFFETS SUR LA TUTELLE

La tutelle, quand elle est entre les mains d'une femme peut, à la suite du convol de cette dernière, recevoir des modifications importantes. C'est à l'étude de ces modifications que nous allons maintenant nous livrer.

SECTION I

EFFETS SUR LA TUTELLE LÉGALE

A la dissolution de tout mariage, les enfants mineurs qui en sont issus reçoivent de plein droit pour tuteur le survivant des deux époux.

Le père, si c'est à lui que cette charge incombe,

---

(1) L'art. 444 fait de l'inconduite notoire une cause de destitution de la tutelle, et le Code pénal, art. 335, prive même de la jouissance légale les père et mère coupables d'avoir excité ou favorisé la corruption ou prostitution de leurs enfants. *Sed penalia non sunt extendenda.* La dilapidation des revenus de ses enfants pourrait peut-être faire priver la mère de son droit d'usufruit; mais alors, c'est une question toute différente, étrangère du reste à notre sujet.

ne peut s'en excuser qu'en alléguant un des motifs auxquels la loi attache cet effet. Un second mariage, contracté dans la suite, ne change rien à sa situation. Après, comme avant, il reste tuteur légal de ses enfants du premier lit, possesseur de tous les droits que lui confèrent ces fonctions, comme aussi, soumis à tous les devoirs qu'elles lui imposent. Point n'est besoin de justifier cette disposition. Chef de sa nouvelle famille, au même titre que de l'ancienne, et jouissant toujours de la même indépendance, le père ne rencontre aucun obstacle à la surveillance attentive des intérêts de tous ses enfants. Tout autre est la position de la femme. Placée sous l'autorité de son second mari, dont on peut, sans excès de défiance, soupçonner les sentiments à l'égard de ses beaux-fils et belles-filles, elle n'est plus apte à s'occuper d'eux comme par le passé, et surtout, elle n'a plus la liberté nécessaire pour administrer leur fortune. Sans doute, le second mari peut être un homme d'honneur, qui, loin de chercher à nuire aux nouveaux enfants que lui donne son mariage, s'appliquerait à aider leur mère dans sa tâche délicate et remplacerait auprès d'eux le père qui n'est plus. Le législateur a prévu cette hypothèse, mais comme elle peut ne pas toujours se présenter, la nécessité s'imposait à lui de prendre certaines mesures de précaution, à l'occasion du convol d'une femme tutrice. Nous allons les passer en revue, en supposant d'abord que la tutrice observe fidèlement les prescriptions du législateur, et réservant pour la suite l'étude des conséquences qu'entraîne nécessairement sa désobéissance à la loi.

« Si la mère tutrice veut se remarier, elle devra, avant l'acte de mariage, convoquer le conseil de famille, qui décidera si la tutelle doit lui être conservée. »

Tel est le premier alinéa de l'art. 395. Le conseil de famille est constitué ainsi juge de la situation. Le mariage lui paraît-il funeste aux intérêts des enfants, il enlève leur tutelle à la mère pour la remettre en des mains plus sûres. Au contraire, le nouvel époux lui semble-t-il tel qu'on puisse lui commettre le soin de seconder et de diriger sa femme, le conseil alors continue à la mère ses fonctions de tutrice, en lui adjoignant son mari à titre de cotuteur. Voilà l'alternative, calculée le mieux possible pour assurer la situation des mineurs.

La décision du conseil de famille est inattaquable.

La mère écartée est tenue de rendre ses comptes et de céder la place au nouveau tuteur ; mais elle garde toujours les attributs de la puissance paternelle, et, notamment, le droit d'accorder, seule et sans autorisation maritale, le consentement nécessaire au mariage de ses enfants, comme aussi le droit de former opposition à ce mariage et d'en demander la nullité (148, 149, 173, 183, 184, 191). Il en est ainsi, même dans le cas véritablement curieux mais juridiquement possible où le conseil, enlevant la tutelle à la mère, la donnerait à son nouvel époux (art. 405).

Restreinte à ces effets, la déchéance est perpétuelle, et rien ne saurait justifier, de la part de celle qui en a été l'objet, une reprise de ses fonctions anciennes, ni en cas de séparation de corps, ni même en cas de mort du second mari. Aucun texte ne peut servir d'appui à une telle revendication. On a prétendu cependant que le conseil de famille, sans être tenu de déférer à la demande de la mère, pouvait y faire droit néanmoins, en considérant le second mariage comme une excuse temporaire (art. 431). Nous ne nions pas l'analogie, mais elle ne saurait, suivant nous, justifier la théorie précédente. Ce qui est plus certain, c'est que la mère, redevenue veuve, peut être réintégrée dans ses fonctions de tutrice devenues vacantes; mais elle n'est plus alors que tutrice dative, et, comme telle, ne peut plus invoquer l'excuse arbitraire que lui fournit l'art. 394, à laquelle, du reste, on peut dire qu'elle a renoncé déjà par l'acceptation antérieure de la charge qu'elle repousse aujourd'hui.

Si la décision du conseil de famille est favorable à la mère, celle-ci reste tutrice, tutrice légale et non dative, parce que l'approbation du conseil n'a pas pour effet de renouveler ses pouvoirs en les marquant d'un autre caractère, mais simplement de les lui maintenir tels qu'ils étaient auparavant.

La conclusion de ce raisonnement, c'est que le conseil ne peut pas « régler par aperçu et selon l'importance des biens régis la somme à laquelle pourra s'élever la dépense annuelle des mineurs, ainsi que celle d'administration de leurs biens », ni, d'autre part, imposer à la tutrice l'obligation « de remettre au subrogé tuteur des états de situation de sa gestion » : double réglementation qui n'est applicable, aux termes mêmes des articles 454 et 470 dont nous venons de citer le texte, qu'aux tuteurs autres que les père et mère. En vain allègue-t-on qu'à la tutelle de la mère remariée s'adjoint nécessairement, comme nous allons le voir bientôt, la cotutelle du second mari, et que cette circonstance justifie les exigences du conseil qui ne réclame, en somme, que l'application du droit commun. Cette argumentation ne nous convainc pas. La cotutelle du second mari n'altère pas le caractère de la tutelle de la mère, qui reste égale après comme avant. L'expression même, dont s'est servi le législateur pour la désigner, montre que c'est elle qui se moule sur l'autre et s'imprègne, si l'on peut ainsi parler, de la même couleur. Aussi, peut-on sans effort appeler le second mari cotuteur légal, d'autant plus que l'obligation de le faire participer aux fonctions de sa femme s'impose nécessairement au conseil de famille (article 396) (1).

(1.A plus forte raison n'approuvons-nous pas les autres obligations qu'on voudrait imposer à la mère remariée et qui dérogeraient au droit commun de la tutelle. Il nous semble illégal de toucher aux

Voilà donc la mère tutrice et par conséquent, puisqu'il en va nécessairement ainsi, son mari co-tuteur. Les biens des deux époux sont grevés, dès lors, de l'hypothèque légale, et le mari, comme la femme, est soumis à la responsabilité ordinaire des tuteurs, responsabilité que l'art. 396 restreint pourtant, en ce qui le concerne, à la gestion posté-rieure au mariage. En un mot, il est tuteur avec les droits et les charges que comportent ces fonc-tions.

La mère tutrice a les mêmes pouvoirs que son mari cotuteur. En cas d'adoption par eux du régime dotal ou du régime de la séparation de biens, ces pouvoirs égaux se meuvent parallèle-ment l'un à l'autre, exercés par deux individus, également capables et libres dans leur adminis-tration (art. 217, 1536, 1576). Mais sous tout au-tre régime, la femme, soumise absolument à l'au-torité maritale, n'a pas même l'administration de ses biens (art. 1428, 1531). Le mari devra-t-il seul alors gérer la tutelle ?

On ne peut l'admettre, pensons-nous, sans in-justice pour la femme à laquelle on ferait ainsi partager la responsabilité d'une gestion dont elle n'aurait jamais pu s'occuper. Aussi croyons-nous que, par dérogation au droit commun ma-trimonial, les deux époux, investis des mêmes

pouvoirs du tuteur tels que les a réglementés le législateur ; e'nous refuserions, même en ce qui touche un tuteur d'ordinaire, de sanction-ner l'une quelconque de ces dérogations.

fonctions, doivent s'en acquitter ensemble avec une égale liberté d'action, s'assister l'un l'autre, et, s'il survient un désaccord, le soumettre au conseil de famille seul compétent pour trancher le conflit.

La gestion commune, telle que nous venons de l'exposer, suppose entre les cotuteurs une entente parfaite. Survienne une séparation de corps, que décider? Il est un cas que la loi elle-même a pris soin de régler; car la séparation de corps prononcée pour condamnation de l'un des époux à une peine infamante, emporte de plein droit la destitution du coupable (art. 232, 308, 443). Nous croyons qu'en toute autre hypothèse, la même solution doit s'appliquer. Que la séparation soit prononcée pour adultère, excès, sévices ou injures graves (art. 229, 230, 231, 308), le conseil de famille n'en sera pas moins autorisé dans chacun de ces cas à prononcer la destitution du coupable pour inconduite notoire (art. 444) (1).

Si c'est la femme, la cotutelle du mari cessera en même temps, parce qu'un cotuteur ne peut pas voir ses fonctions survivre à celles du tuteur auquel il est adjoint, et alors le conseil de famille nommera à la place vacante soit un tiers, soit le second mari lui-même qui devient seul tuteur à l'exclusion de sa femme destituée (art. 405).

Si c'est contre le mari qu'est prononcée la sépa-

____

(1) C'est le jugement de séparation qui établit alors la notoriété de l'inconduite.

ration, c'est lui qu'on destituera. Mais, par contre-
coup, la tutelle de la mère tombera également
(art. 396). Bien plus, cette nécessité de la cotutelle
du mari empêche la femme d'être nommée, en ce
cas, seule tutrice de ses enfants. C'est du moins
l'opinion qui semble avoir pour elle le texte de la
loi. Nous ne croyons pas cependant qu'elle soit
fondée. Le conseil de famille n'est obligé de donner pour cotuteur à la mère son second mari que
lorsqu'il lui *conserve* la tutelle légale. Il suit bien
de là que cette tutelle légale cesse avec la cotutelle
du mari ; mais c'est tout. Quand le conseil re-
nomme ensuite la mère, c'est une tutelle dative
qu'il lui *confère*, et non pas l'ancienne qu'il lui
conserve. L'art. 396 n'est ainsi plus applicable.
Cette solution nous paraît très-heureuse, puisqu'elle laisse les intérêts des enfants entre les mains
de leur mère, qui les a toujours gérés jusqu'ici et
qui, mieux que personne, est capable de conduire
à terme cette administration. Aussi la croyons-
nous applicable dans tous les cas où la chute de
la tutelle maternelle n'est amenée que par le
fait du second mari cotuteur (1).

Avant d'aborder l'examen de l'hypothèse déjà
annoncée et dans laquelle nous supposons que la
veuve n'a pas convoqué le conseil de famille, il
est bon de nous demander si l'existence d'enfants

(1) Si cette cotutelle du second mari cesse par la mort, il n'est
même pas besoin d'une décision du conseil pour proroger les pouvoirs de la mère à laquelle cet événement rend sa primitive indépendance. Elle reste toujours alors tutrice légale.

d'un premier lit peut seule lui imposer cette obligation, et s'il ne faudrait pas y soumettre également la femme, qui, restée veuve sans eufants,
aurait, avant le convol, donné le jour à des enfants
naturels reconnus.

Peut être la solution affirmative aurait-elle
certains avantages ; mais il nous semble impossible de l'admettre, quelle que soit du reste l'opinion qu'on se forme sur la question de savoir s'il
existe pour l'enfant naturel une tutelle légale.
Les art. 395 et 398 n'ont en vue que la tutelle légitime, puisqu'ils la supposent ouverte par la mort
de l'un des deux époux. Comment en étendre l'application aux parents naturels, alors surtout qu'ils
renferment des dispositions dérogatoires au droit
commun ? S'il est vrai, comme le disent nos adversaires, que les causes d'incapacité, d'excuses, d'exclusion et de destitution soient communes aux
parents légitimes et naturels, c'est que la loi les
applique, dans une énumératiou générale, à toute
tutelle, quelle qu'elle soit. Mais la disposition qui
nous occupe est placée dans un chapitre où la seule
tutelle légitime est en cause, et cette circonstance
suffit, ce nous semble, à motiver la diversité des
solutions.

Et maintenant, si la mère ne convoque pas le
conseil de famille, quelles sont les suites de sa désobéissance à la loi?

« A défaut de cette convocation, dit le Code, elle
perdra la tutelle de plein droit, et son nouveau

mari sera solidairement responsable de toutes les suites de la tutelle qu'elle aura indûment conservée » (art. 395).

La disposition semble claire, et pourtant elle crée aux nouveaux époux une situation tellement délicate qu'il devient difficile d'en déterminer exactement les conséquences.

La mère, par le fait du second mariage, et à partir du jour de la célébration, perd la tutelle de plein droit, et dès lors le subrogé tuteur est obligé de provoquer la nomination d'un nouveau tuteur (art. 424). S'il le fait, toute difficulté disparaît ; mais s'il ne le fait pas et que la mère reste elle-même dans l'inaction, qu'arrivera-t-il ? C'est ce que nous allons examiner.

Les actes que passe désormais la tutrice déchue sont nuls, si ce n'est après ratification du mineur. En d'autres termes, la nullité n'est que relative ; ni la mère, ni les tiers, avec qui elle a contracté, ne peuvent prétendre à l'invoquer, tandis que le mineur a le droit d'en exciper, même à l'encontre des tiers de bonne foi, auxquels on peut toujours reprocher une certaine négligence, d'autant plus coupable, en notre hypothèse, que le mariage, à cause de la publicité dont la loi l'entoure, a pu sans peine être connu d'eux.

Ces décisions nous paraissent découler de l'application des principes généraux. L'administration de la mère, agissant au nom du mineur après déchéance de son mandat légal, n'est plus qu'une simple gestion d'affaires (art. 1372), à laquelle il faut appliquer les règles de cette matière, en imposant à la gérante l'obligation d'apporter à chaque affaire, sous peine de dommages et intérêts, tous ses soins et toute son attention, de continuer sa gestion jusqu'à ce qu'un ayant-droit ait pu en prendre la direction, et enfin, de rendre compte de tout ce qu'elle a fait (art. 1373, 1374, 419, 1996). A l'inverse, la mère a le droit d'exiger la ratification de tous les actes utiles au mineur (1). Quant aux autres, elle porte la peine de leur inutilité, en restant personnellement exposée à l'action que les tiers intenteront, pour se faire indemniser par elle, des suites de l'annulation (2).

Nous pensons qu'il faut soustraire à l'application des règles précédentes et considérer comme un acte valable, à tous égards, celui qu'a passé la mère avec autorisation spéciale du conseil de famille. Tout milite en faveur de cette exception, puisque l'autorité, qui devait enlever la tutelle à la veuve remariée ou du moins consacrer à nouveau ses pouvoirs, renonce à son droit en même temps qu'à son devoir et va même jusqu'à se

---

(1) Il en serait autrement si la mère avait agi non pas comme tutrice, mais en son propre nom. Nous devrions appliquer en ce cas les art. 1119 et 1121 qui déclarent nulles en principe jusqu'à leur ratification les promesses ou stipulations pour autrui, qu'elles soient utiles ou qu'elles ne le soient pas.

(2) Cette action ne triomphera que si la mère a usé de fraude pour faire croire à la réalité de son titre (art. 1332). En toute autre circonstance le tiers est coupable de n'avoir pas vérifié la capacité de la tutrice prétendue (art. 1307).

faire complice de la tutrice déchue. En ce cas, les tiers sont en vérité excusables d'avoir contracté avec la mère, en se conformant à l'appréciation que le conseil avait faite de ses pouvoirs, ou pour mieux dire, l'intervention du conseil a rendu à la vie, pour un moment, une autorité éteinte dont l'action se trouve ainsi parfaitement légitime.

Telle est la situation de la mère. Continue-t-elle, en pareilles circonstances, à se voir soumise à l'hypothèque légale que l'art. 2121 fait peser sur les biens des tuteurs? Non, à proprement parler, puisqu'elle n'est plus tutrice; toutefois les choses se passent comme si l'hypothèque survivait à sa déchéance. Et, en effet, l'hypothèque du mineur est instituée pour garantir à son profit la bonne gestion du tuteur et assurer le remboursement des indemnités que celui-ci peut être condamné à payer, en réparation de ses négligences ou de ses fautes. Eh! bien, c'est de la faute que la mère a commise, en ne convoquant pas le conseil de famille avant son convol, c'est de cette faute, dis-je, *commise par une tutrice*, que dérivent tous les événements postérieurs dont les conséquences dès lors doivent être garanties par les sûretés attachées à la tutelle.

Voilà pour la mère. Le subrogé tuteur est tenu, lui aussi, du paiement des dommages et intérêts qui résultent pour le mineur de la vacance de la tutelle (art. 424). Mais ce n'est pas tout, et la loi, jugeant le nouveau mari complice de sa femme, l'engage dans une responsabilité solidaire avec elle (art. 395). La chose va sans difficulté quand il s'agit d'un acte postérieur au second mariage ; mais où la controverse surgit, c'est quand il s'agit d'un acte antérieur.

Voici ce que dit la loi : « Son nouveau mari sera solidairement responsable de toutes les suites de la tutelle qu'elle aura indûment conservée. » On argumente de ces mots pour soustraire le nouveau mari à la responsabilité des actes antérieurs « responsabilité exorbitante et d'une dureté qu'on pourrait appeler du nom d'injustice » (Demolombe, V, 127). Mais cette « injustice » était pourtant consacrée par les lois romaines et par notre ancien droit, et le soin qu'a pris le législateur de restreindre à la gestion postérieure la responsabilité du second mari nommé régulièrement cotuteur, peut bien faire supposer que, puisqu'il n'a pas pris, dans notre hypothèse, les mêmes précautions, il a voulu suivre les traditions anciennes. Pour nous, voici ce que nous croyons vrai. Les obligations de la tutelle se résolvent toutes dans l'obligation de rendre compte et de payer le reliquat, dont la mère par son fait a suspendu l'exécution. Le mineur (1) est dès lors en droit de prétendre que l'insolvabilité de sa mère, au moment de la redditiou

_____

(1) Le mineur, s'il est devenu majeur ou émancipé, et dans tout autre cas son tuteur, au moins, suivant la Cour de cassation qui n'admet que le dernier tuteur à rendre compte au mineur lui-même.

de compte, provient de ce retard qui lui est imputable ainsi qu'au mari, puisque d'une part le tuteur, comptable de sa gestion dès qu'elle est terminée, se trouve en demeure vis-à-vis du pupille, sans sommation ni demande en justice (art. 469. 474), et que, d'autre part, le second mariage était contracté déjà au moment de la déchéance qu'il a provoquée. Le mari est donc tenu en principe de payer le reliquat et ne peut se décharger de cette obligation qu'en établissant l'état d'insolvabilité de sa femme antérieurement au mariage. Le défaut de paiement du reliquat ne peut être considéré alors comme un effet de la tutelle indûment conservée.

Mais la dette du nouveau mari est-elle garantie hypothécairement ? A coup sûr, celui-ci n'est pas tuteur et ne l'a même jamais été. On a soutenu cependant que l'hypothèque pesait sur lui, à raison de la cotutelle de fait dont la loi l'investit. Cet argument ne nous convainc pas, d'autant plus que nous ne le croyons même pas possible. C'est la mère qui conserve une tutelle de fait, non le mari qui n'a de commun avec sa femme que la responsabilité. Il est vrai que cette responsabilité est solidaire, mais elle n'est pas identique, c'est-à-dire qu'elle n'est pas nécessairement assurée par les mêmes moyens, car « l'obligation peut être solidaire quoique l'un des débiteurs soit obligé différemment de l'autre au paiement de la même chose » (art. 1201).

Le système que nous venons d'exposer entraîne,

entre autres conséquences, la possibilité pour le second mari de recevoir un legs de son beau-fils encore mineur (art. 907). Il peut sans contredit y avoir là quelque danger. En tous cas, ce n'est pas ce résultat de minime importance qui doit amener la condamnation d'une théorie que nous avons appuyée sur les textes mêmes de la loi.

Une dernière question nous reste à résoudre. Pendant la gestion irrégulière de la mère, le conseil de famille se réunit pour nommer un tuteur. Peut-il choisir la mère et quelles sont les conséquences de cette élection ?

La nomination de la mère est possible, suivant nous, puisqu'elle n'est prohibée par aucun texte, à moins pourtant qu'on ne veuille assimiler à une destitution la déchéance qui l'a frappée et fonder ainsi son exclusion sur l'art. 445. Mais une telle assimilation serait contraire à l'esprit de la loi comme à l'équité. Aussi déclarons-nous sans hésitation la mère éligible. Mais alors elle échange son ancien titre de tutrice légale contre celui de tutrice dative. Nous en concluons qu'elle ne peut plus prétendre aux faveurs exceptionnelles que la loi fait dans les art. 454 et 470 à la tutelle légale des père et mère, et aussi, qu'il n'est plus nécessaire pour elle d'avoir son mari cotuteur. Cette solution, que nous avons eu déjà l'occasion d'indiquer précédemment, a certainement en sa faveur le texte de l'art. 396. De plus, elle est conforme aux principes qui ne permettent pas d'étendre aux cas

non prévus la cotutelle du second mari, institution exceptionnelle et dérogatoire au droit commun. On objecte que l'esprit de la loi commande
cette extension. Cette vérité, si c'en est une, est
loin d'être évidente. Nous avons rencontré un
cas déjà où l'application de notre système a eu
pour effet le maintien de la tutelle entre les mains
de la mère, au grand avantage des enfants. Telle
est, en effet, son utilité, qu'en établissant la parfaite indépendance de la femme tutrice dative et
de son second mari, elle rend la tutelle possible
pour elle, alors même que la cotutelle est impossible pour lui.

SECTION II

EFFETS SUR LA TUTELLE TESTAMENTAIRE

La puissance paternelle, se survivant pour
ainsi dire à elle-même, autorise le dernier mourant des père et mère, quand il exerce la tutelle (1),
à choisir, pour le remplacer, un tuteur de son choix
(art. 397). Ce droit est d'une importance extrême,
puisqu'il a pour effet d'empêcher la tutelle légi-

(1) Cette question est controversée, mais sans motifs, à notre avis.
Si le père ou la mère peut instituer la tutelle testamentaire, sans être
lui-même tuteur, pourquoi la loi retarde-t-elle l'exercice de cette faculté jusqu'au moment de sa mort? Et puisque, telle est la législation,
ne serait-il pas illogique qu'un testateur pût écarter au moment de
sa mort le tuteur contre lequel il était impuissant pendant sa vie?
Au reste, ce pouvoir des père et mère, indiqué au titre de la tutelle,
leur suppose la qualité de tuteur. Autrement, il aurait dû trouver sa
place logique au titre de la puissance paternelle.

time des ascendants et la tutelle dative déférée
par le conseil de famille. Il reste cependant toujours aux mains du père, soit veuf, soit remarié,
à cause de l'indépendance complète de l'homme,
soit comme célibataire, soit comme époux. A l'inverse, les restrictions que fait subir à sa liberté le
convol de la femme, légitiment celles que le législateur fait subir à ses droits et qui, relativement
au *jus electionis* de la mère, s'accusent à un
double point de vue.

« Lorsque la mère remariée et maintenue dans
la tutelle aura fait choix d'un tuteur aux enfants
de son premier mariage, ce choix ne sera valable
qu'autant qu'il sera confirmé par le conseil de famille » (art. 400).

La mère, en cette hypothèse, garde son droit ;
mais sa volonté ne fait plus loi. Il se peut que son
choix ait été inspiré par le second mari, toujours
suspect au législateur ; il se peut même que ce second mari se soit fait désigner lui-même. Un contrôle est donc nécessaire, et c'est le conseil de famille qui l'exerce avec omnipotence et se prononce
sans appel (1). Du reste, qu'il valide ou non le
choix de la mère, sa décision n'en a pas moins
pour effet d'écarter les ascendants (art. 402) et de
donner ouverture à la tutelle dative.

(1) L'élu de la mère n'est ni exclu ni destitué ; il ne peut se pour-
voir contre la décision du conseil, en invoquant les art. 447 et 448.
Il n'est pas confirmé, voilà tout. On ne le prive pas de son titre, on
l'empêche de l'obtenir.

Cette restriction du droit de la mère est-elle perpétuelle ou cesse-t-elle avec la cause qui l'a produite, par la dissolution du second mariage ? C'est la question que nous avons posée déjà bien souvent et que nous croyons devoir résoudre ici, comme dans les hypothèses précédentes. La mère, après la mort de son deuxième mari, reste incapable comme avant. Cette proposition est d'autant plus acceptable qu'il ne s'agit pas ici de la dépouiller d'un droit, mais seulement d'en subordonner l'exercice au contrôle éclairé du conseil de famille.

Si la mère n'est pas maintenue dans la tutelle, son droit s'évanouit complétement, soit qu'un autre tuteur ait été nommé à sa place, soit qu'elle ait continué sa gestion irrégulière jusqu'à sa mort (art. 398). Elle ne saurait arguer de cette circonstance de fait pour revendiquer l'exercice du *jus electionis*. Comment l'exercerait-elle, en effet ? Sans contrôle ? Ce n'est pas admissible. Avec le contrôle du conseil ? Mais ce contrôle ne s'applique qu'au choix de la femme maintenue dans la tutelle. Elle ne l'exerce pas du tout. Voilà la vérité. Nous en disons autant, quoique avec plus d'hésitation, de la mère qui, après sa déchéance, a obtenu la tutelle du conseil de famille. Il nous semblerait illogique au suprême degré qu'un tuteur, qui tient son titre, non de la loi, mais du conseil de famille, pût paralyser les droits de ce conseil, en se nommant à lui-même son propre successeur.

La question ne se pose pas ici comme précédemment de savoir si le second veuvage de la femme lui rend ses droits antérieurs. Dépossédée de la tutelle, elle ne peut plus choisir un tuteur testamentaire, fût-elle du reste veuve une seconde fois. Ceux qui ne pensent pas comme nous que l'exercice de la tutelle soit une condition nécessaire à la désignation du tuteur testamentaire posent cette question qu'on trouve alors résolue en sens divers.

CHAPITRE IV

EFFETS SUR LES LIBÉRALITÉS ENTRE ÉPOUX

Le moment est venu de discuter ici cette question importante que nous avons déjà rencontrée et longuement étudiée en droit romain. Les mêmes principes la dominent dans l'une et l'autre législation, ou pour mieux dire, les règles françaises ne sont autres que les règles romaines transmises par la tradition et modifiées par le temps.

La loi fameuse, au Code : « *Hâc edictali* » n'accordait au second époux qu'une part d'enfant le moins prenant. Elle se retrouve en termes identiques dans l'art. 1098 du Code civil, sauf pourtant une légère modification. Tel est le fondement de la théorie empruntée à la loi romaine. Quant à la deuxième règle, que nous avons trouvée dans le Code de Justinien, et qui ordonnait la cession par la mère à ses enfants du premier lit de tous les biens qu'elle tenait de leur père, l'Edit des Secondes Noces de 1560 la reproduisait au même titre que la précédente, et le projet du Code faisait la même chose ; mais elle a disparu dans la rédaction définitive. Il n'entre pas dans les idées modernes de rechercher l'origine des biens. Le législateur français veut bien protéger les enfants du premier lit contre le second conjoint de leur auteur ; mais il se refuse à les défendre contre leurs frères et sœurs utérins ou consanguins. Tous les enfants issus d'un auteur commun doivent avoir vis-à-vis de lui les mêmes droits.

Comme on le voit, la loi française ne s'occupe pas, à proprement parler, des seconds mariages qui, considérés en eux-mêmes, ne changent rien au droit commun. Ce qu'il faut pour mettre en jeu le système qu'elle consacre, c'est la présence dans un second mariage des enfants d'un premier lit. Alors seulement les règles ordinaires se transforment. Nous allons étudier ces transformations en faisant remarquer que leur influence ne s'étend pas au delà des époux eux-mêmes. En restreignant la quotité disponible du convolant vis-à-vis de son nouveau conjoint, la loi la laisse intacte vis-à-vis des étrangers. Aussi ne parlerons-nous pas de ces derniers auxquels reste applicable le droit commun.

SECTION I

DÉTERMINATION DES DROITS DU SECOND ÉPOUX

Le second époux d'une personne à laquelle il reste des enfants d'un premier lit ne peut jamais recevoir, par donation ou autrement, plus du quart des biens de son conjoint (art. 1098 *in fine*). Nous avons déjà dit que c'était là une innovation législative. Il est facile de la justifier. On sait que les veufs et veuves sont obligés souvent de compenser par des avantages pécuniaires les *désagréments* qu'entraîne pour le second conjoint la présence de leurs enfants, et l'on sait aussi que, sans supposer dans le contrat des libéralités excessives, il peut s'en produire dans la suite, provoquées par la captation ou même simplement par une affection trop aveugle. Pour mettre les enfants à l'abri de ce danger, le législateur, assimilant le second époux à l'étranger placé dans les circonstances les plus défavorables, a réduit au quart de la fortune du donateur le maximum de ses prétentions. N'existe-t-il qu'un seul enfant, le conjoint ne peut prendre dans la quotité disponible qui est la moitié du patrimoine qu'un quart seulement. Y en a-t-il deux, c'est la même chose, bien que la quotité disponible soit d'un tiers. S'il en reste trois, prenant chacun un quart à titre de réserve, le second époux peut recevoir alors le dernier quart. Sa part est à la fois égale au quart des biens et à une part d'enfant.

Supposons maintenant quatre enfants. La réserve, que nous venons de voir monter progressivement avec le nombre des enfants, est arrivée à son maximum, en atteignant les trois quarts du patrimoine, et reste pour quatre enfants ce qu'elle était pour trois. Les quatre enfants prennent donc ici, comme réservataires, un quart chacun des trois quarts réservés, c'est-à-dire trois seizièmes. D'après la règle précédente, le quart restant pourrait aller au second époux. Mais une seconde règle trouve ici son application et ne lui permet pas de recevoir plus que chacun des enfants, c'est-à-dire trois seizièmes. Le dernier seizième se partage naturellement alors entre les divers concurrents, c'est-à-dire entre les quatre enfants et le conjoint à chacun desquels revient en somme un cinquième de la succession.

Les parts sont égales ainsi ; mais ce résultat a été l'objet de contestations qu'il nous importe de repousser. Disons d'abord que la répartition, telle que nous venons de la faire, est à l'abri de tout reproche, quand le donateur, sans déterminer le chiffre de sa donation, assigne à son conjoint une part d'enfant. Il est impossible alors de procéder autrement que nous ne l'avons fait (1).

(1) Une part d'enfant. Cette formule est très usitée et en même temps très pratique. Mais en supprimant certaines difficultés, elle en fait naître une toute spéciale. A la mort du donateur, le donataire ne trouve plus devant lui aucun enfant. Que faire ? Les uns lui donnent tout, d'autres, rien, ceux-ci, la moitié, ceux-là, le quart. Ne rien lui donner, c'est absurde. Lui donner la moitié, c'est se conformer à l'opinion de Pothier, fondée elle-même sur cette maxime d'Ulpien :

Supposons donc que la donation comprenne, aux termes du titre qui la renferme, par exemple, la quotité disponible. Cette quotité, dans l'hypothèse actuelle, est d'un quart, qui, relativement au second époux, se réduit à trois seizièmes. La prétention de certains auteurs est de ne distribuer le seizième restant qu'entre les enfants, à l'exclusion du second époux. C'est la reproduction de la théorie romaine que nous avons vue consacrée dans la constitution de Léon et qu'on veut faire revivre sous l'empire du Code civil, en l'appuyant sur l'art. 921 qui déclare incapables de profiter de la réduction les donataires, légataires et créanciers du défunt. Une telle disposition est parfaitement logique; elle l'est même tellement qu'elle en devient inutile, car, à bien raisonner, qui donc a le droit de profiter d'une réduction si ce n'est celui pour qui elle est faite, c'est-à-dire le réservataire seul? Ainsi le second époux ne peut certainement pas profiter d'une réduction dirigée contre lui. Mais ce que nous nions, c'est qu'il en profite; ce que nous prétendons, c'est qu'il n'en profite pas. Il a droit à la quotité disponible, à lui attribuée, pourvu qu'elle n'excède ni le quart des biens, ni la part des au-

Partis appellatio, non adjectâ quotâ, dimidia intelligitur. Le quart? C'est le maximum que pourrait atteindre la part d'enfant attribuée aux donataires. A ces trois opinions, nous préférons la première. Le donateur a donné tout son disponible, et par suite, tout son patrimoine, puisqu'il n'existe pas de réservataires.

tres enfants. Telle est notre hypothèse, dès lors parfaitement légale, dans laquelle le second époux, d'après nos conclusions, recueille un cinquième, comme les réservataires. Certes, il est étonnant de voir méconnaître une vérité si évidente. L'erreur fondamentale du système opposé est de supposer que la réduction, une fois exercée, égale immédiatement la part du donataire à la réserve des enfants, de sorte qu'en participant au partage de l'excédant, ce donataire bénéficie de la réduction. Encore une fois, c'est là une erreur manifeste. L'action en réduction ne peut avoir qu'un effet, celui d'enlever à l'époux ce qu'il a reçu de trop, et il n'y a d'excédant illicite que ce qui dépasse l'une des mesures établies par l'art. 1098. Mais ici, comment qualifier d'excédant une somme qui, ajoutée à celle qu'on ne conteste pas, ne produit pas un total condamné par la loi ? Bien loin de respecter les textes, ce système les viole sans contredit, puisqu'il a pour résultat de réduire à une part inférieure à celle des enfants légitimes le conjoint qui avait reçu toute la quotité disponible. Le donataire est d'autant plus maltraité que le donateur s'était montré plus généreux !

La solution précédente est, pour les mêmes motifs, applicable dans tous les cas, et notamment si la donation porte sur une valeur déterminée : corps certain ou somme d'argent. Cette donation dépasse-t-elle la quotité disponible, telle que la fixation en ressort de la combinaison des deux règles légales ? Là est toute la question. Si oui, il faut réduire ; si non, il faut respecter une libéralité régulière et autorisée.

La part d'enfant qui, lorsqu'elle est inférieure au quart du patrimoine, sert de type et de mesure à celle du second époux, est « une part d'enfant légitime le moins prenant. » Aujourd'hui que tous les enfants sont appelés à se partager également la fortune paternelle, et que le droit de primogéniture est tombé comme manifestation d'une supériorité fictive et injuste, notre règle n'est plus d'une application aussi fréquente que par le passé. Il ne faudrait pas cependant la juger inutile. Si la vocation héréditaire est égale pour tous les enfants, le père et la mère n'en conservent pas moins le droit d'avantager l'un d'entre eux, en le gratifiant d'un préciput qui peut comprendre toute la quotité disponible. Ainsi s'établit, de par la volonté des parents, l'inégalité que consacraient nos anciennes lois ; ainsi est motivée l'application de notre article. Le préciput est extrait de la masse, et le reste se partage entre tous les enfants et le second époux, qui prend, comme eux, une part virile de la somme partageable. Si le testateur a partagé une partie de son disponible entre tous ses enfants, à l'exception d'un seul, et donné le reste à son deuxième époux, c'est la part du dernier enfant qui sera le maximum du gain possible pour ce second époux.

Allons plus loin encore. Le dernier enfant, objet de l'aversion de son père, non-seulement ne reçoit rien au-delà de sa réserve, mais voit même cette réserve entamée. A coup sûr, il a le droit de réclamer, mais il ne le fait pas et se contente de la part restreinte qui lui est laissée. L'indifférence ou la résignation de l'enfant lésé vont-elles nuire au second époux et le forcer à diminuer sa propre part dans les mêmes proportions? La question ne fait pour nous aucun doute. C'est sur la part théorique de l'enfant que doit se calculer celle du second époux. La loi existe pour dominer les faits, non pour être dominée par eux. Que l'enfant sacrifie ses droits, il le peut ; mais ce sacrifice volontaire ne doit pas en imposer un semblable à ceux qui ne sont pas décidés à l'accepter. Enfin, ne peut-il pas se faire que cette résignation apparente cache une fraude, concertée entre tous les enfants contre leur parâtre ou marâtre, afin de diminuer sa part outre mesure et de profiter du partage de l'excédant?

Telle est la quotité disponible du second époux. La loi restreint ainsi d'une manière toute particulière les libéralités à lui faites, soit par contrat, soit pendant le mariage. Mais que dire des donations antérieures au mariage? Il faut, sans contredit, les assimiler aux autres, quand le rapprochement des dates et surtout l'examen des faits établissent qu'elles se sont produites en vue de l'union déjà projetée. Une solution contraire, en méconnaissant grossièrement l'esprit de la loi, serait le renversement de la règle et laisserait la porte ouverte à tous les abus. Il n'y a pas à argumenter en sa faveur du texte qui parle des donations faites « au nouvel époux ». Ces expressions, employées dans le chapitre tout entier, s'appliquent aux donations par contrat qui ne sont faites pourtant qu'entre fiancés. Qu'importe le moment de la donation ? et pourquoi ne pas assimiler aux donations par contrat celles qui ne les ont précédées que de quelques jours peut-être et qui émanent certainement de la même inspiration ? Quant aux autres, à celles dans lesquelles on ne pourra reconnaître cette inspiration, il faut les considérer comme soumises au droit commun. Epuisent-elles le disponible ordinaire, le second époux ne peut désormais plus rien recevoir, et bénéficie de la qualité qu'il avait au moment de la donation. Atteignent-elles seulement le disponible spécial de l'art. 1098, le mariage du donataire avec le donateur, sans rien lui enlever non plus, diminue sa capacité antérieure en l'empêchant de rien recevoir désormais. Enfin, sont-elles inférieures à ce disponible, il peut encore être gratifié de la différence.

Ces solutions sont incontestables (1) et la seule

(1) On a soutenu jadis que le disponible ordinaire et le disponible spécial aux époux étaient indépendants l'un de l'autre et pouvaient se cumuler, en d'autres termes, que celui-ci, après l'épuisement de celui-là, pouvait se prendre sur la réserve. Cette théorie désastreuse et insoutenable a été consacrée par quelques arrêts (Agen, 27 août 1810. Grenoble, 26 mai 1838) dans le cas spécial où

difficulté qui puisse se présenter dans l'application de la théorie du Code est relative à la preuve. C'est affaire aux juges d'en rechercher partout les éléments. Mais, dans le doute, ils doivent, suivant nous, se prononcer en faveur du second époux. La présomption milite en sa faveur, et ce n'est que sur une démonstration sérieuse qu'on peut établir sa mauvaise foi.

La quotité disponible, que nous venons de déterminer, relativement au second époux, ne peut être dépassée sans qu'il naisse immédiatement au profit des enfants lésés une action en réduction dont nous examinerons bientôt la nature, les conditions et les effets. Mais auparavant, nous devons étudier les conséquences de la fraude du donateur qui, pour soustraire des libéralités excessives à cette réduction, les déguise sous le masque d'un autre contrat ou les adresse à des tiers secrètement chargés de les faire parvenir à leur destination.

SECTION II

DONATIONS FRAUDULEUSES. — NULLITÉ.

La fraude du donateur peut se produire de deux manières différentes, soit par la dissimulation de sa libéralité sous les apparences d'un con-

il n'y a en présence que l'époux et des enfants communs (art. 1098). Elle serait plus injustifiable encore dans notre hypothèse. Au reste, personne ne songe à la ressusciter aujourd'hui.

trat à titre onéreux, soit par l'interposition de personnes. Dans les deux cas, la sanction est la même et consiste dans la nullité de la disposition. Nous allons établir cette vérité successivement pour l'une et l'autre catégorie des donations frauduleuses.

Parlons d'abord des donations déguisées. Quelle que soit leur importance, qu'elles dépassent ou ne dépassent pas le disponible spécial de l'article 1098, elles sont frappées de nullité (art. 1099, § 2).

Cette théorie n'est pas acceptée de tout le monde.

Parmi les jurisconsultes, il en est qui veulent traiter les donations déguisées comme les donations indirectes et les soumettre simplement à la réduction, quand elles sont excessives, les laissant intactes quand elles ne le sont pas. Il suffit de lire le texte pour y trouver la condamnation expresse de cette erreur. L'art. 1099, après avoir déclaré dans son premier paragraphe que : « les époux ne pourront se donner *indirectement* au delà de ce qui leur est permis par les dispositions ci-dessus », ajoute dans son dernier alinéa que « toute donation ou déguisée ou faite à personnes interposées sera nulle ». Certes, la distinction s'accuse d'une façon évidente. Les partisans du système adverse se refusent pourtant à la constater et ne voient dans la seconde partie de l'article qu'une explication de la première. Une pareille théorie est absolument fausse. Elle suppose d'abord que toute donation indirecte est nécessairement frauduleuse. Il n'en est rien pourtant, et nous n'en voulons d'autre preuve que les libéralités résultant, pour chacun des époux, de l'application légale des règles du régime matrimonial adopté par eux. Il est exact de regarder comme indirectes les donations déguisées ou faites à personnes interposées; mais la réciproque n'est pas vraie. Le terme « indirect » est plus extensif que le terme « frauduleux » et, par conséquent, moins compréhensif. Aussi est-ce une faute de logique non moins qu'une erreur de droit que de les assimiler l'un à l'autre, alors surtout que la loi consacre aux donations frauduleuses et aux donations indirectes une mention séparée, et déclare réductibles celles-ci et nulles celles-là. Serait-ce qu'alors la nullité des premières doit se confondre avec la réductibilité des secondes? On l'a soutenu. Eh bien! soit, mais alors toute interprétation devient désormais impossible. Il n'est pas de texte dont on ne puisse extraire, avec des procédés semblables, les sens les plus bizarres et les plus opposés. Aussi n'hésitons-nous pas à condamner ce système comme contraire à l'évidence même.

D'autres personnes, moins osées quoique aussi illogiques, reconnaissent la nullité des donations déguisées, mais seulement quand elles excèdent la quotité disponible; inférieures à cette quotité, elles sont valables suivant eux. Cette théorie, plus humble en ses conséquences, ne nous semble pas meilleure que la précédente. Y a-t-il rien de plus arbitraire que cette distinction entre la donation excessive et celle qui ne l'est pas? Si certaines donations déguisées sont nulles, elles le sont toutes; si on en ratifie quelques-unes, il ne faut pas condamner les autres.

Enfin, d'autres interprètes prennent pour critérium l'intention du donateur. Est-elle frauduleuse, c'est la nullité qu'on doit prononcer contre l'acte entaché de mauvaise foi, ne fût-il pas excessif. Est-elle pure au contraire, il n'y a plus lieu qu'à la réduction, au cas d'excès. C'est là une théorie, reposant sur un fondement juridique très acceptable, mais complétement étrangère à celle de la loi. Il est du reste bien difficile de supposer la bonne foi chez l'auteur d'une donation déguisée. Pour quelques-uns qui triompheraient en faisant cette preuve, que de difficultés on soulèverait! que de procès! et quelle confusion!

En somme, la donation déguisée est nulle, toujours nulle, sans qu'il y ait à rechercher si elle dépasse ou non la quotité disponible de l'art. 1098. Le déguisement entraîne par lui-même la nullité. Cette doctrine rigoureuse est consacrée formellement par la loi et n'a rien du reste de choquant. Plus que partout ailleurs, la fraude est à redouter ici; plus que partout ailleurs, il fallait se montrer envers elle impitoyable.

Après avoir constaté la nullité, il conviendrait d'en étudier ici les caractères et de trancher quelques controverses qui s'élèvent à ce propos. Mais ces questions sont communes à toutes les donations frauduleuses, et nous en renvoyons l'explication après l'examen de la théorie de l'interposition.

La donation par personnes interposées est celle que fait un donateur à un donataire apparent, avec charge secrète d'en transmettre le profit au donataire véritable. C'est là une fraude dont on voit immédiatement l'application possible en notre matière. L'incapacité du second époux lui étant personnelle, ce qu'il lui est interdit de recevoir, un autre peut très-bien l'accepter. Rien n'est plus régulier en soi ; mais où la fraude apparaît, c'est quand le tiers, capable de recevoir, n'est qu'un faux donataire dont la mission cachée est de communiquer au second époux le gain de la donation.

Cette fraude est sanctionnée comme la précédente, et il en est de sa constatation comme de celle du déguisement. C'est une pure question de fait abandonnée à l'appréciation des magistrats. On a voulu soumettre à des règles fixes et déterminées la recherche de l'interposition, et l'on a prétendu notamment qu'il fallait prouver, avant de la déclarer, l'existence d'un concert frauduleux soit entre le disposant et la personne interposée, soit entre celle-ci et l'incapable. Ni l'une ni l'autre de ces conditions ne sont nécessaires, bien loin d'être l'une et l'autre indispensables. Qu'importe le pacte entre l'interposé et l'incapable, si le premier a l'intention bien arrêtée de faire passer au second ce qu'il a reçu? Et qu'importe également l'entente entre le disposant et l'interposé, si, sans faire de pacte, celui-ci a pénétré l'intention de celui-là et se dispose à l'exécuter? Tout ce que la loi demande, c'est qu'on démontre l'interposition. Elle ne soumet à aucune règle spéciale cette démonstration qui peut, dès lors, se faire par tous les procédés qu'autorise le droit commun.

Mais il est des cas dans lesquels toute preuve est superflue, puisque la loi elle-même édicte une présomption d'interposition contre certains donataires, proches parents de l'incapable et par l'intermédiaire desquels, s'ils jouissaient de la liberté commune, on arriverait trop facilement à tourner les prohibitions du Code.

Aux termes de l'art. 1100 on répute faites au second époux lui-même les donations adressées soit à son enfant, soit à l'un de ses parents dont il est héritier présomptif, au jour de la donation. Reprenons successivement chacune de ces deux classes d'individus.

Et d'abord, l'enfant du second époux est incapable comme lui. Il s'agit ici de son enfant personnel, et non d'un enfant commun, d'un fruit du second mariage. La loi a pris soin de le spécifier, et son exception se justifie d'elle-même. Ne faut-il pas qu'un père puisse faire à son fils une donation qui serve à lui procurer une situation dans le monde, à sa fille une donation qui serve à la marier ? Aussi ces enfants ne sont-ils jamais atteints par la présomption, alors même qu'en fait, ils auraient servi d'intermédiaires involontaires, et que la mère aurait recueilli, dans la succession de son enfant prédécédé, la donation de son mari.

Ainsi, c'est de l'enfant non commun que parle la loi. Mais de quel enfant ? Le texte dit : « issu d'un autre mariage, » et semble n'avoir en vue que les enfants légitimes. En le prenant néanmoins dans toute sa rigueur, il faut bien dire la même chose d'un enfant légitimé, puisqu'il doit à ce titre être considéré comme légitime (art. 333), et aussi d'un enfant adoptif, par la même raison (art. 350). Quant à l'enfant naturel, nous croyons que la prohibition ne lui est pas applicable comme aux autres. Les motifs ne se retrouvent pas identiques dans l'un et l'autre cas. La parenté naturelle ne produit pas des effets aussi étendus que la parenté légitime, et l'enfant naturel est en général plus indépendant que l'autre vis-à-vis de ses parents. En outre, il ne faut pas appliquer à la légère aux premiers ce que la loi dit des seconds, puisqu'elle-même, quand elle veut cette application, s'en explique en termes précis (art. 158, 383). Ici, non-seulement elle ne dit rien des enfants naturels, mais elle les exclut implicitement en parlant

des enfants issus d'un autre mariage, ce qui dénote
bien la préoccupation exclusive des enfants légitimes. N'oublions pas enfin que ces présomptions
sont défavorables à ceux qu'elles touchent, puisqu'en n'admettant pas la preuve contraire elles
les frappent d'incapacité. Pour ce motif, elles ne
comportent pas d'interprétation extensive.

Nous sommes d'autant plus à l'aise pour formuler cette opinion, qu'en somme, elle n'empêche
pas les magistrats de constater l'interposition et
de déclarer de ce chef la nullité de la donation.
Seulement, cette interposition, au lieu d'exister
de plein droit, devra être prouvée et reconnue.
Quel danger y a-t-il à cela ?

Il est inutile de faire remarquer que ce que nous
disons des enfants naturels s'applique aussi aux
enfants adultérins ou incestueux. Il n'y a, suivant nous, de frappés par la présomption que les
enfants légitimes et ceux qui leur sont assimilés.

L'art. 911, qui pose d'une façon générale la
règle des prohibitions, assimile aux enfants les
descendants à quelque degré que ce soit. Nous ne
pensons pas, malgré le silence de l'art. 1100 sur ce
point, qu'il doive être interprété autrement. La
diversité des solutions ne se comprendrait pas,
d'autant plus que le mot « enfants » n'ayant pas
un sens bien limitativement déterminé, peut aussi
bien s'entendre de ceux du deuxième ou du troisième degré que des autres, suivant la règle de l'article 914.

La deuxième catégorie des personnes réputées interposées se compose des parents du donataire, dont celui-ci est héritier présomptif au jour de la donation. Ces personnes sont faciles à déterminer et l'intention du législateur apparaît ici évidente. Peu lui importe l'événement, c'est l'intention qu'il veut punir. A supposer même que le second époux prédécède son parent, la donation faite à ce dernier tombe comme entachée d'un vice originel. Elle subsiste au contraire si la vocation héréditaire du second époux ne se révèle qu'après la donation.

Des considérations que nous venons de présenter on a voulu induire que, les testaments n'ayant d'effet qu'à la mort du testateur, on doit, pour leur appliquer l'art. 1100, considérer non pas le jour où ils ont été faits, mais celui où est mort le testateur. Cette doctrine introduit dans l'art. 1100 une distinction que le législateur n'y a pas mise, et, de ce chef, est inadmissible. Nous croyons, de plus, qu'elle ne repose pas sur un fondement bien solide. Il est bien vrai que les testaments sont révocables, mais c'est tout. Il ne faut pas en conclure qu'ils ne soient complets et valides qu'au décès du testateur. Bien au contraire, ils le sont dès le jour de leur confection, si bien qu'il n'est pas besoin de confirmation pour les faire valoir, et qu'il faut au contraire une révocation pour les détruire. Ces principes sont incontestables. Ne le fussent-ils pas, il n'en serait pas moins vrai de

dire que l'intention du testateur, quand sa libéralité s'adresse à une personne non réputée encore
interposée, est pure dès son origine, et ne saurait
nullement être altérée par un fait postérieur complétement fortuit.

Inversement, et pour les mêmes motifs, nous
n'admettons pas que le legs, fait au parent dont
l'époux du disposant est héritier présomptif,
puisse avoir effet, bien que cet époux d'abord, et
le disposant ensuite meurent avant le légataire. Le
testateur, cependant, survivant à son conjoint,
peut instituer légataire, si bon lui semble, le parent
dont son conjoint fut l'héritier présomptif. La
chose est évidente, mais ce n'est pas une raison,
suivant nous, pour valider le testament antérieur,
fait en contravention à l'art. 1100 et dont l'inspiration, viciée dans l'origine, ne peut pas s'épurer
avec le temps. Que le testateur recommence son
acte dans les mêmes termes, il sera bon, mais le
précédent est irrévocablement condamné.

Telle est, bien nette et bien précise, la théorie du
Code. Il suffit que le second époux soit héritier présomptif de l'un de ses parents, au jour de la donation ou du testament fait en leur faveur par son
conjoint, pour que ces actes soient nuls, quels que
soient les événements ultérieurs. Que cet époux
prédécède son parent ou qu'il renonce à sa succession, ou enfin qu'il en soit exclu comme indigne,
le donataire ne peut éviter la nullité qui frappe la
donation à lui faite. Supposons, cependant, que

le second époux, antérieurement à cette donation, ait été condamné pour tentative de meurtre sur la personne de son parent donataire, ou ait porté contre lui une accusation capitale jugée calomnieuse. Ce sont là deux causes d'indignité (article 727). Ne pourrait-on pas les opposer comme fins de non-recevoir à l'action en nullité? Nous croyons pouvoir répondre affirmativement. Sans doute, l'indignité n'existe pas de plein droit, et il faut un jugement civil pour constater l'effet produit par l'arrêt criminel. Nous l'admettons avec le plus grand nombre des auteurs. Mais ce que nous prétendons, c'est que le donataire attaqué pourra provoquer ce jugement afin de s'en faire une arme contre ses aggresseurs. La déclaration d'indignité suivra ainsi la donation, mais ce n'est pas là une objection embarrassante. L'indignité elle-même provient du fait délictueux, antérieur à la donation, et le jugement, qui constate son existence, en fait en même temps remonter les effets au jour où ce fait s'est produit.

A ce raisonnement on peut opposer que l'indignité ne se prononce qu'au jour de l'ouverture de la succession. Il en est ainsi d'ordinaire, nous le reconnaissons, parce que le demandeur est le plus souvent un héritier qui provoque cette déclaration pour faire exclure un autre héritier plus proche. L'intérêt ne naît pour lui qu'à l'ouverture de la succession, et rien ne légitimerait de sa part une action préalable qui serait sans fondement. Mais ici, tout change. Le donataire a un intérêt actuel et présent à faire constater l'indignité de son parent, puisque cette constatation va lui permettre de retenir une libéralité qui lui échapperait autrement. A notre estime, cette circonstance suffit pour légitimer son action qui, en toute autre hypothèse, serait prématurée.

La même réponse peut être faite à l'objection tirée de l'incompétence ordinaire du donataire pour intenter l'action. Si cette action n'appartient, en règle générale, qu'aux individus appelés à la succession, c'est que, seuls, ils ont intérêt à l'intenter. Ici, encore une fois, l'indignité produit un effet extraordinaire qui renverse tous les rôles et bouleverse toutes les règles. Celui qui la demande est celui-là même de la succession duquel il s'agit, et, chose bizarre, il est intéressé à le faire. Il faut bien accepter cette situation, si curieuse soit-elle, et chercher à l'expliquer juridiquement.

Un dernier argument pourrait être tiré contre nous de ce que l'indignité, si elle prive de la succession celui qu'elle frappe, lui laisse cependant son titre d'héritier. Nous croyons, en effet, qu'à la différence de l'incapable, l'indigne est héritier. Mais ce serait une subtilité que de nous opposer ce titre sans valeur. Ce n'est pas du titre que s'est préoccupée la loi dans l'art. 1101, mais du droit qu'il confère, du droit de prendre la succession et de retrouver, au milieu des biens qui la composent, ceux qui proviennent de la donation. Si le titre survit au droit, qu'importe, et en quoi peut cette circonstance modifier nos solutions ?

La conclusion de tout ce qui précède, c'est que le donataire a le droit, pour sauvegarder sa donation, de faire prononcer lui-même l'indignité de son héritier présomptif, quand elle provient de faits antérieurs à cette donation, et de ruiner ainsi le fondement de la présomption légale dirigée contre lui. Puisqu'il n'est pas possible que son héritier lui succède, il n'y a plus de motif pour le traiter comme une personne interposée.

Les personnes auxquelles s'applique la présomption de l'art. 1100 nous sont maintenant connues. Leur situation une fois constatée, rien ne peut les soustraire aux inductions qu'en tire le législateur. Il s'agit ici d'une présomption absolue, qui n'admet pas la preuve contraire, et qu'on désigne, dans le langage de l'école, sous le nom de présomption *juris et de jure* (art. 1350, 1351, 1352). On a cependant voulu ébranler cette présomption, ou du moins l'écarter, quand de la nature de la disposition elle-même résulte la preuve qu'elle est bien personnelle à celui qui l'a reçue. Telles seraient les donations d'un usufruit, d'une rente viagère, d'une pension alimentaire. Nous repoussons cette doctrine comme contraire au caractère absolu de la présomption. Ce qu'on ne peut donner à l'incapable, on ne peut le donner à la personne réputée légalement interposée. Voilà la conclusion où conduit forcément l'application

des principes, et qui n'est susceptible de modifications que dans les cas, très-rares du reste, où la
présomption n'est plus possible, et notamment,
dans le cas où le second époux est prédécédé. En
pareille hypothèse, on ne peut accuser d'interposition aucun donataire, sous peine d'absurdité. La
même solution doit être donnée dans le cas suivant. Un époux fait à l'enfant de son deuxième
conjoint une donation, et celui-ci meurt entre
l'offre et l'acceptation. Il n'y a pas interposition
de personnes, parce qu'au moment où s'est parfaite la donation, cette interposition n'était plus
possible. Objecte-t-on que l'intention du donateur a été viciée dans l'origine, nous répondons
qu'il y a dans la persistance de son offre, au moment de l'acceptation qui parachève le contrat,
l'acte nouveau d'une volonté pure qui se substitue
à la volition ancienne et n'a avec elle rien de
commun.

Que s'il s'agit d'un testament, la question est
plus délicate. Le testateur fait un legs à l'enfant
de sa seconde femme, du vivant de celle-ci, puis
meurt, prédécédé par elle. Le legs, au moment où
il s'ouvre, est parfaitement valable ; mais il était
illégal au jour de la confection du testament.
Cette circonstance, suivant nous, est décisive. Ce
que la loi punit, nous l'avons déjà vu, c'est l'intention frauduleuse, indépendamment de l'événement qui la suit. Le legs, fait dans un temps où
la loi défendait de le faire, nous semble par con-

séquent nul. Mais, dit-on, il y a renouvellement de la volonté, comme dans l'hypothèse précédente. Non, la donation est licite dans l'hypothèse précédente, parce qu'elle s'imprègne du caractère licite de l'acceptation qui la parachève. Ici, tout est fixé dès le jour de la confection du testament. La révocabilité de cet acte, ainsi que nous l'avons fait observer déjà, ne prouve rien contre nous. Elle permet au testateur de revenir sur ce qu'il a fait ; mais elle n'empêche pas que son acte, s'il ne le modifie pas, doive être considéré comme parfait dès le premier jour.

Toutes ces solutions sont évidemment applicables quand il s'agit, non plus des enfants du second conjoint, mais des parents dont il est l'héritier présomptif.

Et maintenant que nous savons ce que c'est qu'une donation frauduleuse, soit déguisée, soit faite par personnes interposées, il est temps de préciser le caractère de la nullité dont la loi les frappe.

Cette nullité est absolue, puisqu'elle est fondée sur des motifs d'ordre public et en même temps sur un vice de forme. Il en résulte qu'elle peut être proposée par tous ceux qui ont intérêt à le faire. « Le législateur, en l'édictant, a voulu maintenir la dignité et la pureté de l'union conjugale, et empêcher que les donations entre époux, loin d'être l'expression de la volonté libre du donateur, puissent être l'effet soit de la captation de la part de la femme, soit de l'abus d'autorité de la part du mari » (Cassat., 16 avril 1850). La nullité n'est pas prononcée dans l'intérêt d'une ou de plusieurs personnes, mais en raison d'un principe supérieur dont il faut assurer l'application. Aussi faut-il admettre à la proposer, à la mort du donateur, ses héritiers, légataires, donataires de biens à venir, créanciers, et, pendant sa vie, lui-même, ses créanciers et ses ayants-cause (1). Bien plus, quand il s'agit de donation déguisée, la constatation de la fraude du donateur entraîne, par voie de conséquence, contre le donataire, une preuve de mauvaise foi, et l'oblige à restituer, avec le capital, tous les fruits qu'il en a retirés (art. 549-550). Il en sera de même à l'égard de la personne interposée, quand son interposition sera constatée. A l'égard de celle qu'atteint la présomption légale, comme après tout sa bonne foi est possible, il faut la déclarer, ce nous semble, admissible à la prouver, et lui accorder, suivant la règle, les fruits qu'elle a perçus de bonne foi.

Le caractère de la nullité des donations frauduleuses fait que l'action est proposable en tout temps et par tout intéressé. Ce sont là autant de différences avec l'action en réduction dont nous

(1) Nous ne mentionnons pas ses enfants qui ne pourraient agir que comme réservataires futurs, c'est-à-dire, en vertu d'un droit non encore né. Le désir de sauvegarder ce droit futur ne peut les autoriser à méconnaître le droit actuel de propriété qui compte exclusivement au donateur.

nous occuperons bientôt. Il faut en signaler une autre encore, c'est qu'à la différence de la réduction, la nullité est invocable, même quand il n'existe pas d'enfants du premier mariage. Ce n'est pas en effet, il faut le répéter, dans l'intérêt des enfants, qu'a été portée la disposition de l'article 1099, puisqu'elle est applicable, même quand ces intérêts ne sont pas lésés, en cas de donations non excessives, mais dans l'intérêt de l'ordre public sur lequel l'existence des enfants ne peut exercer aucune influence.

Revenons maintenant aux libéralités qui, sans être frauduleuses, excèdent la mesure que leur a assignée la loi, et voyons comment elles sont traitées.

SECTION III

DONATIONS EXCESSIVES. — RÉDUCTION.

Les donations excessives, quand elles ne sont pas frauduleuses, ne peuvent être que directes ou indirectes. Des premières nous n'avons aucune définition à donner : ce sont des donations ordinaires, qui n'ont d'autre vice que leur exagération. Quant aux secondes, ce sont celles qui résultent de contrats à titre onéreux, dont l'exécution régulière entraîne pour l'une des parties un gain plus ou moins considérable. Nous avons vu que certains auteurs contestent leur existence et les confondent bien à tort avec les donations frauduleuses. Elles existent cependant et nous avons déjà proposé, comme exemple de ces donations, celles qui résultent d'un contrat de mariage. C'est à dessein que nous rappelons ce souvenir, car les libéralités qui découlent pour un époux de ses conventions matrimoniales ne sont pas, en règle générale, considérées comme donatives (art. 1496, 1516, 1525, 1527). Mais, en matière de seconds mariages, les principes ordinaires sont changés en faveur des enfants du premier lit, et les conventions matrimoniales, bien qu'elles soient faites à titre onéreux, sont regardées comme susceptibles de favoriser des libéralités illicites, qu'on fait dès lors entrer en ligne de compte dans le calcul du disponible spécial de l'art. 1098, en les assimilant aux libéralités directes (art. 1527). C'est par l'action en réduction qu'il faut procéder contre les unes et contre les autres, nous allons voir de quelle manière.

Le principe de la réductibilité des donations excessives est posé dans l'art. 920 et s'applique même d'ordinaire aux donations frauduleuses, soit qu'elles aient été consenties à des personnes interposées, soit qu'elles aient été déguisées sous les apparences d'un contrat à titre onéreux, à supposer toutefois dans ce dernier cas, qu'on admette, malgré leur vice de forme, la validité de ces donations (1). Nous savons qu'en notre ma-

(1) C'est l'opinion de la jurisprudence ainsi que d'un grand nombre d'auteurs.

tière, le législateur se montre plus sévère en déclarant non pas seulement réductibles, mais nulles, les donations viciées par la fraude. Quoi qu'il en soit de cette exception, le droit commun reprend son empire sur les libéralités simplement excessives. et n'autorise contre elles qu'une action en réduction.

Ce n'est pas là une règle de capacité personnelle, comme celle qui préside à la nullité, mais seulement de disponibilité réelle, qui, par conséquent. ne doit recevoir son application qu'au décès du disposant. Jusqu'à ce moment, personne n'a le droit de réclamer contre l'acte du donateur vivant et libre. Au jour de son décès, c'est autre chose, et les enfants du premier lit sont autorisés à faire respecter leurs droits (1). Il ne faut pas croire, cependant, que l'action en réduction soit nécessairement ouverte à leur profit. Sa naissance est subordonnée à leur acceptation de la succession à laquelle ils sont appelés. Renonçants ou indignes, ils sont désormais comme s'ils n'existaient pas, et l'action en réduction n'est plus admise dans les termes de l'art. 1098.

(1) Il faut se rappeler que par enfants du premier lit, nous entendons, en même temps que les enfants légitimes les enfants légitimés ou adoptifs que la loi leur assimile, comme aussi les petits-enfants légitimes ou légitimés, mais non les petits-enfants adoptifs qui ne sont rattachés par aucun lien juridique aux parents de leur père adoptif. Remarquons cependant que les petits-enfants ne comptent jamais que pour le père ou la mère qu'ils représentent, quand bien même, issus d'un fils unique, ils viennent à la succession de leur grand-parent, sans invoquer la représentation. Cette circonstance ne change rien à la quotité disponible ordinaire, ni par conséquent à la nôtre.

Cette doctrine a besoin d'explications, car elle a été contestée. On a prétendu que le renonçant pouvait intenter son action non plus *jure heredis, sed jure naturali, jure sanguinis*. Du moment qu'on fonde son droit sur sa simple qualité d'enfant, il faudrait prouver que le législateur l'a consacré, soit d'une façon générale, soit du moins spécialement dans le cas qui nous occupe. Aucune de ces preuves n'a jamais été faite, et du reste, elles sont impossibles. Il faut, par conséquent, reconnaître que la réserve particulière des enfants vis-à-vis du second époux de leur auteur, faisant partie de la succession de celui-ci, au même titre que la réserve ordinaire dont elle n'est qu'une extension et avec laquelle elle se confond quelquefois, ne doit être prise que par les héritiers acceptants comme la succession elle-même. Ainsi les renonçants pas plus que les indignes ne peuvent demander la réduction.

Ce n'est pas tout encore. Les acceptants, pour être seuls autorisés à la demander, n'y sont pas contraints, c'est là une vérité d'évidence : chacun peut faire de son droit ce qu'il veut et l'exercer à son gré ou ne pas l'exercer. En ce cas, elle est éteinte pour tout le monde, et nul ne peut contester au second époux la part excessive que lui ont laissée les seuls contradicteurs à lui opposés par la loi. On a soutenu cependant que les enfants du second lit qui participent, comme ceux du premier, au partage des biens enlevés au donataire par l'action en réduction, se trouvaient par là même autorisés à intenter en leur propre nom cette action, concurremment avec leurs frères et sœurs. A notre avis, c'est une erreur dont la condamnation résulte de l'art. 1098, et plus manifestement encore, de l'art. 1496. Seuls, les enfants du premier lit ont droit à la réduction. Tel est le principe écrit dans les textes, et puisqu'on l'applique, sans contestation, lorsque ces enfants n'existent pas ou ne viennent pas à la succession, par suite de renonciation ou d'exclusion, pourquoi ne pas l'appliquer également dans l'hypothèse actuelle? On objecte que l'action s'ouvre en leur personne par le simple fait de l'acceptation et qu'il n'est plus dès lors en leur pouvoir d'en empêcher l'exercice. Mais c'est là précisément la question. Les textes donnent l'ac' on aux seuls enfants du premier lit. Donc, ils en ont seuls aussi l'exercice, et c'est une subtilité que de distinguer entre le droit lui-même et l'exercice du droit. La maxime romaine qu'invoquent nos adversaires : « *Non est novum in jure ut quod quis ex personâ suâ non habet, ex personâ alterius habeat,* » cette maxime, disons-nous, explique très-bien ce que nous admettons nous-mêmes, à savoir le profit que retirent les enfants du second lit de l'exercice de l'action intentée par ceux du premier, mais elle ne prouve nullement, à notre estime, qu'ils doivent participer à l'exercice de l'action comme ils participent aux résultats qu'elle produit.

On parle alors de fraudes possibles, de collusions de la part des enfants du premier mariage et du second époux. Mais ce second époux sacrifierait donc les intérêts de ses enfants à ceux des enfants de son conjoint ! Ce n'est guère probable et le péril n'est pas aussi imminent qu'on semble le croire dans l'intérêt d'une mauvaise cause. Du reste, comme le dit très-bien un savant jurisconsulte moderne, les principes du droit ne peuvent pas se briser contre la possibilité d'une fraude. Si cette fraude se produit, on la réprimera, mais il ne faut pas, pour la prévenir, sacrifier un principe (Marcadé : art. 1098).

L'action en réduction n'est possible que de la part des enfants du premier lit, quand, après l'acceptation, ils jugent bon de l'intenter. C'est ce que nous venons d'établir. Mais, une fois intentée, à qui profite-t-elle ? et qui va faire nombre pour déterminer la quotité de la réduction ?

Dans un système qui n'est pas le nôtre, mais qui est en même temps diamétralement opposé à celui que nous venons de combattre, les enfants du premier lit, seuls admis à exercer la réduction, sont aussi regardés comme devant seuls en profiter. Tout en acceptant la première partie de cette assertion, nous rejetons la seconde. Et en effet, une fois exercée la réduction, les biens sur lesquels elle a porté rentrent dans la succession à laquelle tous les enfants ont des droits égaux, tant ceux du second lit que ceux du premier. L'art. 745 est formel sur ce point. Tous les enfants, encore qu'ils soient issus de différents mariages, succèdent par égales portions. Nulle distinction n'est à faire, et tous les raisonnements de nos adversaires viennent échouer contre cet argument irrésistible.

Et maintenant, qui faut-il compter pour déterminer le quantum de la réduction ?

De même que nous avons refusé aux enfants non héritiers le droit d'intenter l'action, de même nous leur refusons celui d'en fixer la portée. La raison est toujours la même. Etrangers à la succession, ils n'ont rien de commun avec elle, et ne doivent être pris en considération pour aucune des opérations qui s'y rattachent.

Le motif de l'exclusion nous donne celui de l'admission qui consiste précisément dans la participation à la succession. Ainsi doivent faire nombre tous les enfants qui acceptent, de quelque mariage qu'ile soient issus (1). Les enfants naturels du défunt sont à compter aussi, bien que leur présence ne donne pas lieu par elle-même à l'application de l'art. 1098. C'est là une influence réflexe qui, s'exerçant directement vis-à-vis des enfants légitimes, doit remonter jusqu'à l'époux dont la situation ne peut jamais être meilleure que celle de ces derniers. Il faut, par application de ces principes, prélever leur part de la masse

_____

(1) La présence des enfants du second lit contribue ainsi à faire diminuer la part de leur père ou mère.

totale, et calculer sur ce qui reste les parts respectives des enfants légitimes et du second époux.

Il nous reste à déterminer, à présent, sur quels biens se calcule la quotité disponible. Ce calcul se fait sur la masse des biens existants auxquels on réunit toutes les libéralités rapportables. Qu'on n'objecte pas l'art. 857, aux termes duquel le rapport n'est pas dû aux légataires, ni aux donataires. Le second époux ne demande pas à profiter du rapport ; quoi qu'il arrive, il ne prend sa part que sur les biens existants ; mais il demande que, pour calculer cette part, on prenne en considération les biens donnés sans dispense de rapport. Tel est le droit commun, dont un exemple va nous faire comprendre l'application.

Un homme, qui a quatre enfants, dont un ou plusieurs d'un premier lit, donne à l'un d'eux 25,000 francs, sans dispense de rapport, et meurt, en léguant à sa seconde femme une part d'enfant. Il reste dans sa succession 75,000 francs. La femme, suivant nous, a le droit d'exiger, pour la détermination de sa part, la réunion fictive aux 75,000 fr. existants, des 25,000 fr. donnés jadis. Elle en a le droit, parce que c'est ainsi qu'on doit procéder, aux termes mêmes de l'art. 922, pour calculer la quotité disponible sur laquelle doit se prendre la part de la femme. On trouve ainsi que la quotité disponible est de 25,000 francs, tandis qu'elle n'eût été que de 18,750 francs, sans la réunion. Mais alors, elle profite du rapport ! Pas le moins du monde, et nous allons bien le voir. Des 75,000 fr. existants, 56,250 se partagent, à titre de réserve, entre les trois enfants non donataires, et il reste 18,750 que prend la seconde épouse pour sa part. Pour les 25,000 qu'a touchés l'enfant donataire, il en garde 18,750 à titre de réserve et les 6,250 qui lui restent, sont rapportés par lui à ses frères cohéritiers, en sorte qu'en fin de compte, chacun des quatre enfants reçoit 20,312 fr. 50 c. On voit que le rapport ne profite qu'aux cohéritiers du donataire et non à la femme. Celle-ci s'est bornée à demander l'application de l'art. 922, mais sans violer l'art. 857. De la combinaison de ces deux articles, il résulte que la légataire, à qui le premier permettait de prendre 20,000 fr., s'est trouvée, par le second, réduite à 18,750. Notre système, loin de contrarier aucun texte, est le seul, au contraire, qui permette l'application parallèle de toutes les dispositions de la loi.

Si la libéralité faite à l'enfant est préciputaire, il faut la déduire de la masse, avant de calculer la part de la femme, ou, pour employer une formule qui nous semble meilleure, il faut, après l'avoir comptée dans la masse pour la détermination de la quotité disponible, l'imputer à l'encontre de la femme sur cette quotité disponible qu'elle réduit d'autant.

Aucune difficulté ne se présente, quand la libéralité préciputaire est antérieure à la donation du second époux ; mais, quand elle est postérieure, c'est autre chose. Un homme qui se remarie, donne par contrat à sa nouvelle épouse, 120,000 francs et meurt, laissant une fortune de 480,000 francs, et quatre enfants de son premier lit, à l'un desquels il lègue, par préciput, 30,000 fr. La réserve, calculée sur le patrimoine entier, c'est-à-dire sur 600,000 fr., est de 450,000 fr., soit, pour chaque enfant, de 112,500. Le donataire a de plus 30,000 fr., ce qui porte sa part à 142,500. Les trois autres enfants réclament alors contre leur marâtre, qui a une part supérieure à la leur, contrairement aux dispositions de l'art. 1098, et celle-ci, pour sauvegarder sa donation tout entière, les renvoie à leur frère avantagé, alléguant que c'est du préciput de ce dernier et non de sa propre donation que dérive cette inégalité contraire à la loi.

La question se pose ainsi, de savoir si le préciput, postérieur à la donation, peut la révoquer en partie, ou si c'est sur lui seulement que doit porter la réduction. La première partie de l'alternative nous semble seule admissible. L'héritier légataire a droit à son préciput, puisqu'il n'entame pas la réserve, et les réservataires ne peuvent de ce chef rien lui contester. Serait-ce donc l'époux qui serait alors en mesure de l'attaquer? Mais il est simple donataire et ne saurait avoir plus de droits que les héritiers eux-mêmes. Il ne doit ses embarras qu'à la situation exceptionnelle où l'a placé le législateur en ne lui permettant pas, comme il le fait pour les étrangers ordinaires, de toucher plus qu'un enfant héritier. C'est donc affaire entre lui et eux. Le préciputaire est en dehors du débat.

Mais l'irrévocabilité de la donation! objecte-t-on. Elle est atteinte, c'est vrai, mais est-ce que jamais cette irrévocabilité préserve une donation de l'action en réduction? La question se présente ici dans des circonstances un peu extraordinaires; mais ce sont toujours les mêmes principes qui sont en jeu. Les enfants attaquent le second époux pour obtenir leur réserve qui est, vis-à-vis de lui, plus forte que vis-à-vis d'un autre, et spécialement, de leur cohéritier légataire. Quoi d'étonnant, dès lors, que ce soit à lui qu'ils s'adressent et non à leur cohéritier?

La demande des enfants étant fondée, ils enlèvent 7,500 francs à la femme, dont la part est ainsi réduite à 112,500 francs. Ces 7,500 francs se partagent ensuite, ainsi que nous l'avons dit, entre les quatre enfants et la femme, ce qui porte leurs parts respectives à 114,000 fr. pour la femme et chacun des trois enfants non légataires, et à 144,000 fr. pour le préciputaire. Tout se passe comme si nous avions déduit d'abord le préciput du patrimoine total, et calculé les parts respectives des quatre enfants et de la seconde femme sur la masse ainsi réduite, ou, mieux encore, comme si nous avions déduit ce préciput de la quotité disponible, calculée suivant les règles ordinaires, et laissé le reste à la femme légataire.

Telle est la marche à suivre; mais il peut se présenter une deuxième complication dont nous devons nous occuper. Supposons que le préciput, dans l'hypothèse précédente, ait été de 50,000 fr. au lieu de 30,000. Réunie aux 120,000 francs de la femme, cette somme forme un total de 170,000 fr., alors que la quotité disponible est de 150,000 fr. seulement. En pareille hypothèse, le préciput ne doit être imputé sur la quotité disponible que jusqu'à concurrence de 30,000 fr., tandis que l'excédant, soit 20,000 fr., s'impute sur la réserve du légataire, en sorte que le résultat est le même que précédemment. Il n'y a là rien que de très-juste et aussi rien que de très-légal. Ne viole-t-on pas cependant l'art. 921 qui défend au donataire de profiter de la réduction ? C'est toujours la même objection, souvent déjà réfutée. La femme donataire ne demande pas une réduction en sa faveur, elle se défend simplement contre celle qu'on veut lui faire subir, en soutenant qu'il n'y a pas lieu d'y procéder, tant qu'on n'aura pas réduit auparavant la fraction du préciput qui excède la quotité disponible. Refuser à l'époux ce droit si légitime, ce serait mettre sa donation, pourtant irrévocable, à la merci du donateur qui n'aurait, pour la faire tomber complétement, qu'à instituer avec dispense de rapport des donataires ou légataires postérieurs pour des sommes excédant le disponible d'une quantité égale au montant de la donation.

Nous n'avons mis en scène, jusqu'à présent, que des enfants d'un premier et d'un second mariage. La règle que nous leur avons appliquée est plus générale, et, comme toutes celles du reste qui régissent notre matière, s'applique aux enfants d'un troisième lit, ou même d'un quatrième, et ainsi de suite, indéfiniment, vis-à-vis de ceux issus d'une union antérieure. Cette disposition se comprend à merveille ; il importe autant, sinon plus, de protéger les enfants d'un second mariage contre le troisième conjoint de leur auteur, que ceux du premier contre le second. Mais quelle va être alors la mesure de cette protection ? Les enfants auront-ils à supporter successivement le concours de chaque nouveau conjoint de leur père ou mère ? En d'autres termes, et pour prendre un exemple, l'homme marié quatre fois sera-t-il en droit de donner, à chacune de ses trois dernières femmes, une part d'enfant légitime, ou ne pourra-t-il laisser à chacune que le tiers d'une part ? C'était la doctrine de notre ancien droit ; mais il nous semble impossible de la faire revivre sous le droit nouveau. Remarquons, en effet, que l'art. 1098 ne restreint à une part d'enfant que la donation faite au nouvel époux, que ce soit celui d'un second ou d'un subséquent mariage. La contexture de la phrase ne permet pas d'en douter. Du reste, nous ne voyons là rien que de très ordinaire. Réduire la quotité disponible vis-à-vis d'un nouvel époux, c'est bien, mais ne pas permettre au donateur de distribuer à ses époux successifs, en plusieurs parts ainsi restreintes, tout ce qui, dans son patrimoine, excède la réserve des enfants, c'est se montrer d'une rigueur excessive, alors surtout que les textes sont plutôt favorables à l'opinion contraire. Comme dernier argument en faveur de notre théorie, nous dirons qu'elle est loin d'être pour les enfants aussi désastreuse qu'on semble le croire. Tout d'abord, s'il y a trois enfants ou davantage, elle confond absolument ses résultats avec ceux du système opposé, parce qu'alors la quotité disponible ordinaire ne se distingue pas de celle de l'art. 1098. S'il y en a deux, la lésion qu'elle leur fait subir n'est guère considérable et ne peut excéder un douzième de la succession, soit un vingt quatrième pour chacun des deux héritiers. Reste l'hypothèse où les époux se trouvent en face d'un seul enfant et se partagent, d'après nous, une moitié de la succession dont nos adversaires ne leur donnent que le quart. Certes, la différence ici est sensiblement appréciable, mais nous croyons, néanmoins, d'après les motifs allégués plus haut, que la loi consacre en faveur du donateur le droit d'aller jusque-là.

Telles sont les considérations que nous avions à présenter sur les secondes noces, en droit romain comme en droit français. Nous aurions voulu examiner en même temps les prescriptions du droit écrit sur cette matière, et combler ainsi une lacune de notre travail. Mais nous avons reculé devant l'étendue et la difficulté de la tâche. Peut-être un jour pourrons-nous, mieux préparé, l'aborder avec plus de succès.

POSITIONS

DROIT ROMAIN

I. — La bigamie ne fut possible et punissable
à Rome qu'à partir de la loi Julia.

II. — C'est à partir de la même époque que l'infamie fut applicable à la femme.

III. — Le mariage, contracté au mépris de la loi
Julia, est nul en droit civil.

IV. — Le second mariage de deux anciens conjoints divorcés n'est pas à traiter autrement qu'un
premier mariage.

V. — Le droit, qu'un individu convolant en secondes noces retient sur les biens qui proviennent
de son premier époux, n'est pas un usufruit véritable.

VI. — Le créancier, auquel compète, d'après la
nature des choses, une action *certa*, peut intenter,
s'il le préfère, une action *incerta*, et réciproquement.

VI. — Dans le droit classique, l'action intentée *pendente conditione* n'est pas susceptible de
tomber sous le coup de la *plus-petitio.*

DROIT FRANÇAIS

DROIT CIVIL

I. — Le ministère public ne peut former opposition à un mariage pour cause de bigamie.

II. — Les ascendants d'un bigame jouissent,
concurremment, du droit de demander la nullité
de son mariage, sans avoir besoin de fonder leur
action sur un intérêt pécuniaire.

III. — Le conseil de famille n'est jamais en possession de ce droit.

IV. — L'art. 139 n'a pas d'autre objet que d'attribuer à l'empêchement de mariage, qui résulte
de l'absence, un effet simplement prohibitif. Il ne
modifie en rien, après la cessation de l'absence, les
principes du droit commun.

V. — La bigamie des parents n'entraîne jamais
par elle-même l'adultérinité légale des enfants.

VI. — La violation du délai de viduité n'est pas
une cause de nullité du mariage.

VII. — Les enfants issus d'un commerce adultérin sont susceptibles de légitimation, quand ils naissent après la célébration du mariage de leurs auteurs.

IX. — Un second veuvage ne rend pas au conjoint survivant les attributs de la puissance paternelle dont il a été privé à la suite de son convol ; mais il en est autrement de l'annulation du second mariage.

X. — Le conseil de famille, quand il conserve à la mère remariée la tutelle de ses enfants, n'a pas le droit de la dépouiller des deux droits spéciaux que consacrent à son profit les art. 454 et 470.

XI. — Quand la donation, faite au second époux, est excessive, l'excédant se partage entre lui et les enfants.

XII. — Les donations directes ou indirectes sont réductibles en cas d'excès : les donations frauduleuses sont nulles, ne fussent-elles pas excessives.

XIII. — L'individu, qui a pour héritier présomptif le second époux, peut faire tomber la présomption d'interposition qu'élève contre lui l'art. 1100, en prouvant l'indignité de cet époux.

XIV. — Le testament, fait par un individu remarié en faveur des enfants de son second époux, n'est pas validé par le prédécès de celui-ci.

XV. — Les enfants d'un second mariage profitent de l'action en réduction exercée par ceux du premier ; mais ils n'en ont pas l'exercice.

XVI. — Une libéralité préciputaire, même postérieure à la donation faite au second époux, peut entraîner la révocation partielle de celle-ci.

DROIT CRIMINEL

I. — La nullité d'un premier mariage, même putatif, rend toute poursuite criminelle non recevable après la célébration du second.

II. — La nullité de l'un quelconque des mariages du bigame constitue toujours une question préjudicielle de la compétence du tribunal civil.

III. — La décision civile s'impose au juge criminel ; la décision criminelle ne s'impose pas au juge civil.

IV. — Un individu, accusé de bigamie, peut exciper d'une nullité même prescrite, s'il avait, avant son second mariage, la possession d'état de célibataire.

DROIT DES GENS

I. — Un Français peut épouser en France un étranger divorcé.

II. — Le divorce n'est pas applicable au ma-

riage contracté par des Français, même après la
naturalisation de l'un des conjoints dans un pays
qui admet ce mode de dissolution.

III. — Un mariage, contracté par deux étrangers
dont la loi nationale admet le divorce, peut être
dissous par divorce, même après la naturalisation
en France de l'un des époux.

Vu par le Président de la thèse :

J. E. LABBÉ.

Vu par le Doyen,

G. COLMET DAAGE.

Vu et permis d'imprimer,
Le Vice-Recteur de l'Académie de Paris :

Paris-Vaugirard. — Typographie N. Blanpain, 7, rue Jeanne.